檻を壊すライオン

時事問題で学ぶ憲法

椋 大樹

3　権力分立は大丈夫？　87

本書をお読みになる前に

主権者は私たち。それぞれに個性は違うけれど、みんな人権があります。

百獣の王ライオンは「国家権力」の例えです。強くて頼りになる「仕切り役」ですが、暴れたらこわい（権力濫用）一面もあります。

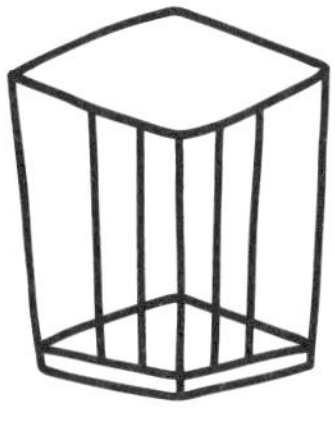

檻は権力を縛る「憲法」を表しています。
檻の中＝ライオンが権力を使ってよい範囲、檻の外＝ライオンが権力を使ってはいけない範囲を表します。

はしがき

本書は、２０１６年に刊行した『檻の中のライオン 憲法がわかる46のおはなし』（かもがわ出版）の続編です。同書は、国家権力をライオン、憲法を檻に例えて憲法の全体像を解説したもので、現在17刷まで増刷を重ねています。政治的意見を書かず、法的枠組みの整理に絞る執筆方針を採ったことで、中学校の公民資料集に大きく掲載されるなど学校教育の現場でも活用されています。

日本国憲法は国民主権の憲法です。国民主権の仕組みが機能するためには、主権者である国民一人ひとりが、憲法の基礎的理解を備え、政治の動きに関心を向け、投票などの行動をしていかなければなりません。政治的な立場や意見は人それぞれ違いますが、憲法の基礎的理解は、立場の違いを超えて共有していなければならないはずです。

共有できているかどうか、クイズをしてみましょう。

「憲法」は、文字どおり「法」つまりルールです。では、憲法というルールを守らないといけないのは誰でしょうか？

答えは憲法に書いてあります。

日本国憲法　99条　〈憲法尊重擁護義務〉

天皇又は摂政及び国務大臣、国会議員、裁判官その他の**公務員**は、この憲法を尊重し擁護する義務を負ふ。

憲法は、政治家などの「公務員」つまり国家権力の行使に携わる仕事をする人が、お仕事をするうえで守らないといけないルールです。どんな政権であっても守らなければいけない、政治権力より上にある法ですから、政治的立場が違っても、基本的なところは共有しなければならないのです。

政治においては、さまざまな政治勢力が意見をぶつけ合います。ぶつかり合うわけですから、相撲に例えてみましょう。「右」の力士と「左」の力士（さまざまな政治勢力）がぶつかり合いますが、「この土俵（憲法）で相撲をとる」というところは共有していなければ相撲になりません。いくら強くて人気のある横綱（政権与党）でも、土俵の形を都合良く変えてしまうことはできませんし、行司（裁判所）の裁きには従わないといけません。相撲を見ている観客（国民）も、相撲のルール（憲法）がわからなければ、どちらの力士を応援するかもわからないはずです。

最近の政治は、憲法というルールを守っておこなわれているでしょうか。ルール違反（ライオンが檻を壊す）が次々起こり、法律家として見過ごせない事態が続いているように思います。日本弁護士連合会や各地の弁護士会も、法律家団体として、憲法の観点から政権の動きに警鐘を鳴らす意見をいろいろ表明しています。

しかし、多くの有権者は、憲法違反の出来事が起きていても、憲法など意識しないで投票行動をされてい

るのではないでしょうか。投票にすら行かない方も多いようです。私たちは小中学校や高校で憲法について一応教わったはずですが、本当にきちんと教わって、ちゃんと理解しているでしょうか。実のところ、憲法を守らないといけないのは国民の側だと思っている方が少なくありません。

相撲でいえば、横綱が土俵を壊しているのに、観客は何が起きているか気づいてもいない、そんな横綱を無邪気に応援する人もいる、力士も観客も相撲のルールをよく知らない、というような状況ではないかと思います。憲法を守らないといけないのは政治家。守らせるのが私たち。こういう関係にあることを有権者が知っていれば、投票率や選挙の結果はもっと違うものになるのではないでしょうか。

そういう問題意識で出版したのが、冒頭で紹介した『檻の中のライオン』です。同書に基づく講演もおこなってきました。「講演参加者が次の主催者に名乗りを上げる」という主催リレーや口コミで全国に広がり、46都道府県で約500回開催されてきました。講演の中で紹介してきた憲法に関わるさまざまな時事問題をまとめたのが、本書です。新型コロナウイルスのため講演ができなくなってしまったのを機に、憲法に関する2013年~2020年

8月末日の時事問題をひととおり振り返ってみたいと思います。この期間の政治の動きは、憲法の原理原則を学ぶうえで格好の題材です。

単なる政治評論ではなく、法律家の思考様式に則り、

① 法の一般論（原理原則、条文とその趣旨、それをふまえた条文の解釈）

② ①を具体的事例にあてはめて結論を導く

という順序で解説します。①は憲法の教科書的な説明です。これだけでは抽象的で無味乾燥に思われるかもしれませんが、②時事問題と結びつけることで身近に感じられるのではないかと思います。②時事問題を手がかりに、①法の原理原則や条文を理解すれば、今後起こるかもしれない別の問題についても、原理原則から自分で考えることができるようになるはずです。

憲法の条文は大きく分けて「基本的人権」と「統治機構」の2つから成り立っており、前者が目的、後者が手段という関係にあります。本書では、『檻の中のライオン』では詳しく触れられなかった統治機構の細かい条文もたくさん紹介していきます。

憲法に何が書かれているのか、多くの方に知っていただきたいと願っています。

なお、本書で登場する人物の肩書はすべて当時のものです。

1

立憲主義は大丈夫？

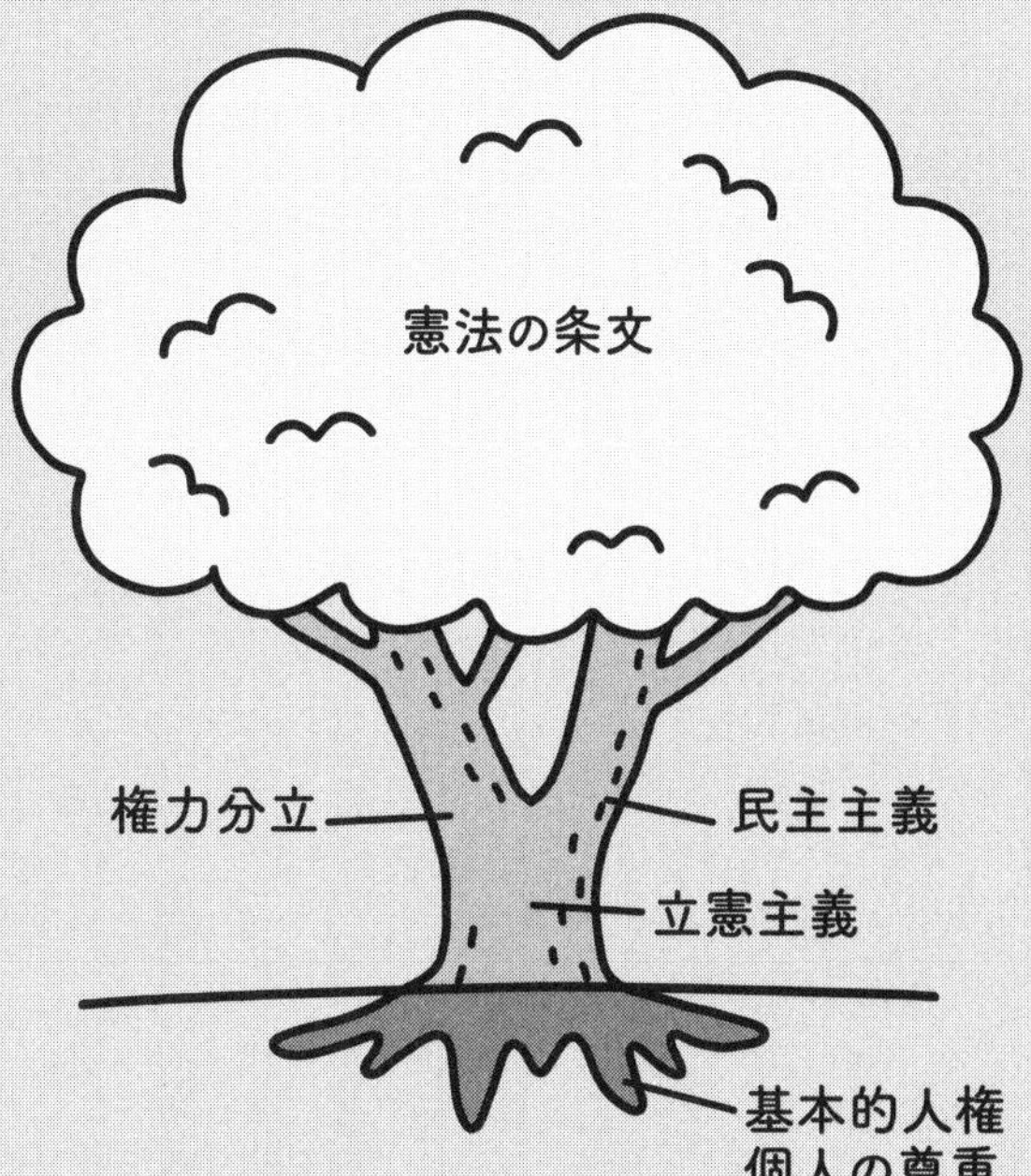

1 だれでも生まれながらに人権がある――天賦人権

まず、憲法の出発点を確認しましょう。「木」に例えると「根っこ」のところです。

「基本的人権、持ってますか？」と聞かれたら、「持ってます」と答える方が多いと思います。では、なぜ持っているのでしょうか？　誰からもらいましたか？

①国　②憲法　③それ以外

人権とは、人間らしく生きていく権利です。みんな同じ人間ですから、人間らしく生きていきたいという思いはみんな同じはずです。ですから、人権は「人間として生まれた」というだけで、**生まれながらに自然に備わっており（自然権）**、**生まれながらに天から与えられている（天賦人権）**

ものだと考えられています。この考え方は、人間同士、共有できるはずです。正解は③です。
これは、日本国憲法では、次の規定に表れています。

日本国憲法　11条
国民は、すべての基本的人権の享有を妨げられない。この憲法が国民に保障する**基本的人権は**、侵すことのできない永久の権利として、現在及び将来の国民に**与へられる**。

日本国憲法　97条
この憲法が日本国民に保障する**基本的人権は**、人類の多年にわたる自由獲得の努力の成果であつて、これらの権利は、過去幾多の試錬に堪へ、現在及び将来の国民に対し、侵すことのできない永久の権利として**信託されたもの**である。

基本的人権は「与えられる」「信託されたものである」となっています。これが、「天から」「自然に」与えられた、信託された、という意味だといわれています。
12ページのクイズで、「②憲法」かな?と思った方もおられるかもしれません。たしかに、憲法に書かれることで認められる権利もありますので、それも間違いではありません。しかし、本来人権というのは憲法以前の話なのです。憲法があろうがなかろうが、私たちは人間です。憲法に人権規定を書かなくても、人間である私たちは人権を持っているのです。

では、なぜ日本国憲法には人権規定がたくさん書かれているのでしょうか。

人権規定は、歴史上、権力によって侵されてきたリストです。これを憲法に書くことで、これからは二度と侵さないでくださいね政治家さん、と念を押しているのです。

事例

天賦人権なんてやめよう！　——自民党改憲草案

2012年に発表された自民党改憲草案では、11条「基本的人権は、侵すことのできない永久の権利として、現在及び将来の国民に**与へられる**」の最後の部分が削られ、「基本的人権は、侵すことのできない永久の権利**である**」と変わっています。最後の「与へられる」が「天から与えられる」を表しているのに、そこを削っているのです。

その理由について、自民党憲法改正草案Q&A（インターネットで検索すると出てきます）には次のように書かれています。「人権規定も、我が国の歴史、文化、伝統を踏まえたものであることも必要だと考えます。現行憲法の規定の中には、**西欧の天賦人権説に基づいて規定**されていると思われるものが散見されることから、**こうした規定は改める必要がある**と考えました。例えば、憲法11条の……」。

なんと、「天賦人権なんてやめよう」と書かれています。

天賦人権のもう一つの根拠規定である97条は、自民党改憲草案では全部削除されています。

このように、「人権」という言葉の定義から違っていて、憲法を「根っこ」から「根本的に」変えようというのです。

12ページのクイズで①「国」を正解にしたいのではないでしょうか。まず国がある。国が人権を与えてやる。**私たちと国との先後関係が逆**になっているように思います。

2　一人ひとり違ってもいい　――個人の尊重

みんな同じ人間ですが、みんな個性が違います。それぞれ個性を生かして、自分らしく生きていきたいですね。私たちはみんな、かけがえのない大切な存在です。個性や価値観が異なるけれども、同じ人間として互いに尊重しあって共存していきたい。この考え方も、人間同士、共有できるはずです。

これを**「個人主義」「個人の尊重」**といいます。憲法の「根っこ」にある、いちばん大事な考え方です。

日本国憲法　13条前段〈個人の尊重〉
すべて国民は、**個人として尊重**される。

憲法とは、さまざまな異なる価値観の人々が、互いに尊重しあって共存していくための仕組みです。個性の異なる私たちが共存するために、政府、国家を作ります。私たちの人権が先、国家は後。**「個人のために国家がある」**という考え方です。

戦前の日本では、「お国のため」とあらば個人の命や自由が奪われても仕方がない、むしろそれが尊ばれたりする、**「国家のために個人がある」**という考え方でした。これを**全体主義**といいます。そういう考え方はやめよう、という思いが13条に込められているはずです。

なお、「個人主義」は、「自分さえ良ければいい」ということではありません。それは「利己主義」といいます。

事例

「個人の尊重」が「人の尊重に」――自民党改憲草案

自民党改憲草案では、13条の**「個」の一文字が削除**され、**「人として尊重される」**となっています。その理由について、自民党改憲草案Q＆Aには何も書かれていません。しかし、憲法の「根っこ」を変えようというのです。15ページで、「私たち」と「国」との関係が逆になっていると解説しました。ここでも**「個人のために国家がある」**ではなく**「国家のために個人がある」**とひっくり返っているのではないでしょうか。

それを裏付けるような政治家の発言などもよく見かけます。「産めよ殖やせよ国のため」といった戦前のスローガンを想起させるような発言や、戦前の教育勅語について「教材に用いることは憲法や教育基本法に反しない形である限り、否定されない」という閣議決定（2017年3月31日）などです。

なお、安倍首相は、「日本国憲法で一番大切な条文は何か」「個人の尊厳をうたい、人権保障を包括的に定めたのは何条か」という小西洋之参議院議員の質問に答えることができませんでした（2013年3月29日）。

事例

主語が「日本国民は」から「日本国は」に——自民党改憲草案

憲法前文の、各文の主語にも注目してみましょう。

日本国憲法では、各文が**「日本国民は」「われらは」**という主語になっています。

一方、自民党改憲草案の前文は**「日本国は」**で始まっています。「日本国は、長い歴史と固有の文化を持ち、国民統合の象徴である天皇を戴く国家であって……」「我が国は、先の大戦による荒廃や幾多の大災害を乗り越えて発展し……」となっています。

国民が主語の文もありますが、「日本国民は……国家を形成する」「我々は……国を成長させる」「日本国民は……国家を末永く子孫に継承する」というように、国のために私たちがいるような書きぶりになっています。

以上のように、一貫して「私たち」と「国」との関係がひっくり返っているようです。出発点が違うと、そのあと全部が違ってしまいます。「根っこ」が違うと、違うものが生えてしまいます。

3 権力を法で縛る――立憲主義

私たちみんなが人間らしく、自分らしく暮らしていくには、ルールを作ることが必要です。さまざまな公共サービスも必要です。これらを誰かにやってもらわないといけません。強い力（権力）で私たちを取り仕切って政治をする「政府」が必要です。政府を作って、政治を任せましょう。権力というものは、「みんなのため」に使われれば、みんなを幸せにする道具となります。

しかし、人間だれしも我が身がかわいいもの。権力を自分の手に握った人は、ついつい「自分のため」「お友だちのため」に権力を使ってしまいがちです。友だち思いなのは結構なことですが、権力を自分の友だちのために使ってはいけません。

そこで、ちゃんと私たちの権利を守るように政治をする、と政府に約束してもらいます。この約束を「**社会契約**」といいます。ただ、口約束では心配なので、約束事を紙に書いて契約書を作ります。政府がしてはいけないこと、政府がしてもいいこと、政府がしなければいけないこと、これらを書いた契約書です。この契約書が、憲法です。政府は、憲法という約束事を守って、政治をしなければなりません。

このように、憲法というルールの枠の中で権力を使ってもらうことを「**立憲主義**」と言います。「**法の支配**」も同じような意味で、権力を法で拘束する、権力者といえども法の下にある、という意味です。5ページにあるように「**ライオン(国家権力)は檻(憲法)の中**」とイメージするとわかりやすいと思います。

立憲主義は、「権力は濫用されがちなもの」「権力者も人間だから間違えることがある」「民主的手続きで選ばれた権力者でも、いつも正しいとは限らない」「権力を疑ってみることが必要」という考え方が前提です。だからこそ、権力者が守るべき法が必要なのです。

はしがきで「憲法を守らないといけないのは誰?」というクイズをしました。ここまで解説すれば納得いただけると思います。

事例

憲法を守るのは国民？　自民党改憲草案

自民党改憲草案では、まず国民が、憲法や基本的人権を尊重しなければならない、と書かれています。やはり「私たち」と「国」とがひっくり返っています。

自民党改憲草案　102条

1　**全て国民は**、この**憲法を尊重**しなければならない。

2　国会議員、国務大臣、裁判官その他の公務員は、この憲法を擁護する義務を負う。

自民党改憲草案　前文　第3文

日本国民は、国と郷土を誇りと気概を持って自ら守り、**基本的人権を尊重**するとともに、和を尊び、家族や社会全体が互いに助け合って国家を形成する。

事例

安倍首相の「立憲主義」を理解しない数々の失言

安倍首相は、立憲主義をよくわかっていないと思われる発言を国会で繰り返しました。

「憲法について、考え方の一つとして、いわば国家権力を縛るものだという考え方はありますが、しかし、それはかつて王権が絶対権力を持っていた時代の主流的な考え方であって、今まさに憲法というのは、日本という国の形、そして理想と未来を語るものではないか、このように思います」（2014年2月）

「我々が提出する法律についての説明は全く正しいと思いますよ。私は総理大臣なんですから」（2015年5月、安保法制について）

選挙で選ばれたのだからルイ16世（正しくは14世）と同じではない、という趣旨の発言もありました（2020年5月、検察庁法改正について）。

選挙で選ばれたからといって、何をしてもよいわけではありません。民主的手続きで選ばれた権力者であっても間違いを犯すことがあるから、憲法というルールが必要なのです。

4　憲法を作る力は国民にある――国民主権

私たち一人ひとりが生まれながらに持っている権利を守る（＝根っこ）ための憲法ですから、私たちの手で作りたいですね。**憲法を作る力（憲法制定権力）は私たちにある**、という考え方が「国民主権」です。**ライオンを入れる檻は私たちが作ろう**、ということです。

憲法は、国家権力の上にあって（＝最高法規）、国会、内閣、裁判所などの国家機関に、国家権力を授ける法（＝授権規範）です。授ける、というのは白紙委任ではありません。憲法には、基本的人権や平和主義などの規定が置かれています。これらの規定に反しないように、という制限つき（＝制限規範）で、憲法は国家権力を授けています。

国家権力の行使は、なぜ正当化されるのでしょうか。私たちは、なぜ法律を守らないといけないのでしょうか。法律を守らなかったら、なぜ処罰されたりするのでしょうか。

図を上から下へ、「主権者国民が作った憲法に授けられた範囲で行使される国家権力だから、私たちは従わなければならない」ということです。これが国民主権の意味です。

日本国憲法　1条〈象徴天皇制、国民主権〉

天皇は、日本国の象徴であり日本国民統合の象徴であつて、この地位は、**主権の存する日本国民**の総意に基く。

5　憲法は変えにくい――最高法規＝硬性憲法

国民主権とは、「主権者国民が作った憲法に授けられた範囲で行使される国家権力だから、私たちは従わなければならない」ということでした。

ですから、私たちは、憲法に適合する法律は守らなければいけません。逆に、**憲法に違反する法律は守らなくてよい**ことになります。98条にそれが書かれています。

> **日本国憲法　98条1項〈最高法規性〉**
> この憲法は、国の**最高法規**であつて、その条規に反する法律、命令、詔勅及び国務に関するその他の行為の全部又は一部は、**その効力を有しない**。

しかし、憲法のほうを法律に合わせて変えてしまえるのでは、憲法の意味がありません。

単に「最高法規です」と宣言するだけでは、最高法規としての役割を果たせません。そこで、憲法は法律より変えにくくなっています（＝**硬性憲法**）。改憲手続きは、①両議院の総議員の**3分の2**以上の賛成、②**国民投票**で過半数の賛成、という、簡単にはクリアできない手続きとなっています。このように**簡単には変えられない（硬性）からこそ、憲法は最高法規**なのです。ライオンを入れる檻ですから、ライオン（政権与党）の力では壊せない「硬さ」を備えた檻でなければなりません。

国民投票が必要なのは、憲法を作るのは私たち（＝国民主権）なのだから、憲法を変えるかどうかも私たちが決めよう、ということです。

日本国憲法　96条1項〈憲法改正手続〉

この憲法の改正は、**各議院の総議員の三分の二以上の賛成**で、国会が、これを発議し、**国**

民に**提案してその承認**を経なければならない。この承認には、特別の国民投票又は国会の定める選挙の際行はれる投票において、その**過半数の賛成**を必要とする。

事例

檻を軟らかくしたいライオン──憲法96条改正論

自民党改憲草案では、議員の「3分の2」ではなく、「過半数」で改憲発議ができるとされています。

自民党改憲草案　100条

1　この憲法の改正は、衆議院又は参議院の議員の発議により、両議院のそれぞれの**総議員の過半数の賛成**で国会が議決し、国民に提案してその承認を得なければならない。この承認には、法律の定めるところにより行われる国民の投票において有効投票の過半数の賛成を必要とする。

2013年7月21日の参院選で、このような96条改憲論が争点となりました。自民党、維新の会などが「3分の2」を「過半数」にすることに賛成しました。

過半数になれば、政権党のみの判断で改憲発議ができることになります。ライオンが「檻を軟らかいのに変えてくれ」と言い出したわけです。立憲主義をわかっていない、と言わざるを得ません。しかし、そんな勢力に票を投じる方がとても多かったのです。そんなことが争点になっていることすら知らない方、知っていてもよくわからない方が圧倒的多数派だったのではないでしょうか。軟らかい檻にしたい、というライオンに多くの票が集まった選挙結果を見て、私は、これから檻が壊れていくのでは、という大変強い危機感を持ちました。

案の定、その後、次から次へと憲法違反の動きが起きるようになり、私の危機感は現実のものとなりました。

麻生太郎副総理兼財務・金融相が講演で「ドイツのワイマール憲法もいつの間にかナチス憲法に変わっていた。誰も気が付かなかった。あの手口に学んだらどうかね」と発言（2013

年7月29日)。

8月8日、駐フランス全権大使であった小松一郎氏が内閣法制局長官に就任し、集団的自衛権に関する憲法解釈を見直す考えを表明［p－43］。12月6日、特定秘密保護法が成立［p43］。2014年7月1日、憲法の「解釈を変更」して集団的自衛権行使を容認する閣議決定［p－51］。2015年9月19日、集団的自衛権行使容認を含む安全保障関連法制が成立［p－52］。

このように、さまざまな憲法問題が立て続けに起こるようになりました。

次章からそれらを紹介していきます。さまざまな時事問題をバラバラな「点」ではなく、つながった一連の「線」に、それを「立体」的な憲法の仕組みの中に位置づけていくイメージで解説していきます。

column

国民にも憲法を守る義務はある？

99条（憲法尊重擁護義務）に「国民」は書かれていません。これについて、国民が憲法を守る義務を負うのはいうまでもないから、いちいち国民とは書かれていないのだ、という解釈もあります。そうだとしても、国民が負うのは「檻が壊れないように外から監視する義務」ということになるでしょう。

しかし、憲法には「国民の義務」の規定があるから国民も守らないといけない、と思っている方もおられるようです。権力を縛る立憲主義憲法において「国民の義務」の規定はどのような位置づけとなるでしょうか。「国民の三大義務」といわれるものについて、憲法との関係を見てみましょう。

教育を受けさせる義務——憲法26条2項

日本国憲法　26条

1　すべて国民は、法律の定めるところにより、その能力に応じて、ひとしく**教育を受ける権利**を有する。
2　すべて国民は、法律の定めるところにより、その**保護する子女に普通教育を受けさせる義務**を負ふ。義務教育は、これを無償とする。

憲法26条1項は、「子どもの学習権」を保障していると解釈されています。主権者として政治のことを考えて判断できる大人になれるように、豊かな人生を送れるように、さまざまなことを学んで成長する権利が子どもにある、ということです。

これに対応して、子どもに教育を受けさせる責務を負うのが、第一に親であり（＝教育を受けさせる義務）、第二に国（教育制度の整備）である、ということになります。つまり、教育を受けさせる義務は、国に対する義務ではなく、子どもに対する義務で、子どもに権利があることを裏から言い換えただけです。

勤労の義務──憲法27条

日本国憲法　27条
すべて国民は、勤労の権利を有し、義務を負ふ。

憲法は、生存権（25条）、教育を受ける権利（26条）、勤労権（27条）、労働基本権（28条）を保障しています。これらの権利は、「国から助けてもらうことができる」という「社会権」というカテゴリーの人権です。

ただ、働けるのに働こうともしないで、お金がないから助けてくれ、と国に求める人がいたら、それはおかしいですね。社会権の各規定もそこまでは保障していないよ、という意味を持つのが、「勤労の義務」です。つまり、勤労の義務の規定は生存権や勤労権の保障をしかるべき範囲に限定する趣旨だととらえることができます。

具体的には、生活保護法では「利用し得る資産、能力、その他あらゆるもの」を活用することが生活保護受給の要件とされています。雇用保険法では、受給資格者が職業訓練や職業指導を受けることを拒否した場合には、給付制限を受けるとされています。

結局、権利がある、しかし無限定ではない、ということです。「国のために働け」「働くことを国から強制される」という趣旨ではありませんので、働かなくても資産がある人は、別に働かなくても咎められることはありません。また、勤労の義務は単なる道徳的義務で、法的意味のない規定だという見解もあります。それほど憲法を学ぶうえで重要性の低い規定です。

納税の義務――憲法30条

> **日本国憲法　30条**
> 国民は、法律の定めるところにより、納税の義務を負ふ。

国家権力の存在を前提にする以上、それを動かしていくコストが必要になりますから、税金を払う必要が出てくるのは当然です。社会権の規定（25条〜）も、税金を徴収して所得の再分配をおこなうことを前提にしています。

ただ、納税の義務の規定だけで、ただちに税金を徴収できるわけではありません。国会でさまざまな税法を定めて、それに基づいて課税していくことになります。ですから、憲法30条があってもなくても、税法に従って税金を支払っていく必要があるわけです。となると、30条は特に意味のない規定ではないか、人権を守るために権力を制限するという立憲主義の考え方にもそぐわない、という考え方もあります。それくらい、重要性の低い規定です。

しかし、意味がない、というのも残念なので、意味のある規定に解釈すべく、30条の「法律の定めるところにより」という文言に意味を見出す解釈が有力です。つまり、国民代表機関たる国会の定める法律によらなければ税を課すことができない、という意味だと読むわけです。ただ、84条［租税法律主義・p69］もそういう趣旨なので、同じ趣旨のことが2カ所に書かれていることになり、やっぱりなくていい規定でないかと言われたりします。

別の解釈として、税を徴収することは個人の財産権（29条）の侵害となりますが、これが「公共の福祉」（12条、13条）の範囲として許されるか、という議論をする必要がなくなる、というところに30条の意味がある、と考えることもできます。

以上のとおり、どの規定も一応立憲主義と整合的に説明できます。が、司法試験の「憲法」では全く出題されませんし、大学の法学部の憲法の授業でもあまり触れられないはずです。憲法は権利を保障するための仕組みですから、義務の規定は重要ではないのです。しかし、小中高校では、「国民の三大義務」が、いかにも大事なものであるかのように教えられているのではないかと思います。憲法は国民も守るものだと勘違いしている人が多いのは、そういうおかしな教育のせいかもしれません。

私たち同士のあいだに、憲法の効力はあるの？——私人間《しじんかん》効力《こうりょく》

私たち同士の「ヨコ」の関係でも、他の人の人権を侵すと民法上の不法行為となるなど、間接的に憲法の人権規定が適用されると解されています。そういう意味では、私たちも、憲法（他人の人権）を守らないといけません。

ただ、あくまで憲法は「国家権力と私たち」という「タテ」の関係を規定するもので、権力側が守らないといけないルールです。そこは、すべての人が共有しなければならない前提です。そこをふまえたうえで、「ヨコ」もあるよ、という話です。

2

民主主義は大丈夫？

憲法が定める統治システムを貫く大きな2つの柱が**「民主主義」**（本章）と**「権力分立」**（次章）です。この2つが、木でいうと「幹」です。本書では、この「幹」から「枝」（個々の条文）を生やし、そこに「葉」（時事問題）をつけていきます。「根」は「天賦人権・個人の尊重」［p12〜19］です。つまり、人権保障が目的で、民主主義・権力分立はその手段です。

民主主義は、私たちの声や一票が、**「こんなふうに政治を進めて」というアクセル**になったり、**「それはやっちゃダメ」というブレーキ**になったりして、権力をコントロールし、それによって私たちの人権を守る仕組みです。政治を前に進める「アクセル」と、暴走しないようにする「ブレーキ」。車と同じで、両方必要です。私たちのことを私たちが決める仕組みなら、私たちの人権は侵されにくいはずです。

私たちが選挙で議員などを選びます（15条1項）。ライオンを選ぶのは私たちです。ライオンに政治をやってもらわないといけません。が、ライオンが檻から出て私たちに噛みつくことがないように、私たちがライオンをコントロールするのです。そのために重要なのが、**表現の自由**（21条）です。いろんな意見を出し合って政治を進めていくのが民主主義ですから、いろんな意見を自由に言えること（表現の自由）が民主主義の前提です。

事例

「民主主義やめよう」？——自民党改憲草案

表現の自由の規定は、自民党改憲草案では次のようになっています。

自民党改憲草案　21条

1　集会、結社及び言論、出版その他一切の**表現の自由**は、保障する。
2　前項の規定にかかわらず、**公益及び公の秩序を害する**ことを目的とした活動を行い、並びにそれを目的として結社をすることは、認められない。

1項は変わっていませんが、「公益及び公の秩序を害する」ような表現は認めない、という2項が新たに加えられています。

もちろん人権も無制約ではなく、「公共の福祉」（現行憲法12条、13条）、つまり他の人の人権などとの調整の観点から制約されることはあります。しかし、自民党改憲草案では、12条と13条の「公共の福祉」をわざわざ「公益及び公の秩序」という言葉に書き換えられています。そのうえ、わざわざ21条に再度この言葉を書き入れているのです。

自民党改憲草案では、人権は生まれながらに持っているもの（天賦人権）ではなく、国が与えるもの、ということでした［p14］。ということは、国や国を動かしている時の政権の都合で人権が奪われることがありうるということです。「公益及び公の秩序」も、時の政権が定める秩序という意味ではないでしょうか。時の政権に反するような言論活動を禁ずる、政権批判をするな、という意味であれば、「民主主義やめましょう」と言っているに等しいことになります。そうなっては困るので、国家権力より前に人権がある、という先後関係が重要なのです。19ページで「根っこが違うと、違うものが生えて」くると書いたとおりです。

もともと表現の自由は、権力に傷付けられやすいものです。権力者にとって政権批判はイヤなものです。批判が高まれば政権を失ってしまうかもしれません。ですから、権力者は権力を使って批判を封じようとしがちです。そうなれば民主主義が壊れてしまいます。

本章では、最近の政治の動きも「民主主義やめよう」というようになっていないかどうか見ていきます。

1 知ることから始まる民主政——知る権利

主権者である私たちが、政治に関するさまざまな情報を知り、政治のことを考え、言論活動や投票行動をして権力をコントロールするのが民主主義です。ですから、まず「知る」ことが大切。「**知る権利**」は、民主政を支える重要な権利です。日本国憲法に明文はありませんが、最高裁判例も学説も、表現の自由(21条)の規定で保障されると解釈しています。

しかし、知る権利も、権力によって侵されがちです。だれでも都合の悪いことは隠しておきたいものです。権力者は、権力を使って、都合の悪いことを隠そうとしがちです。権力者が勝手に情報を隠すとどうなるでしょうか? 私たちは、意見を言ったり、選挙でだれに投票するか決めたりするための情報が得られなくなります。そうすると民主主義の仕組み自体が壊れてしまい、選挙を通じて知る権利を取り戻すことが難しくなります。

最近の政治ではこの「知る権利」がいろいろな形で侵されています。

事例

「知る権利」は権利ではない?!――自民党改憲草案

自民党改憲草案には、知る権利に関する規定があります。

自民党改憲草案　21条2項

国は、国政上の行為につき国民に説明する責務を負う。

「自民党改憲草案Q＆A」では次のように説明されています。

「国の情報を、適切に、分かりやすく国民に説明しなければならないという責務を国に負わせ、国民の『**知る権利**』の保障に資することとしました」と「知る権利」に言及しています。

しかし、「**まだ個人の法律上の権利として主張するには熟していない**ことから、まず国の側の責務として規定することとしました」と書かれ、**知る権利は権利ではない**、とされています。人権を「国が与えるもの」と考えると、国を動かす政権に都合の悪いことは知らなくてよい、となるのは当然の帰結とも言えます。

これに沿うように、最近「知らなくていいよ」というような政治の動きがいろいろ起きています。

事例

安全保障に関する情報を秘密にする「特定秘密保護法」

２０１３年12月、「特定秘密保護法」が成立しました。①防衛、②外交、③特定有害活動、④テロリズムについての情報を、国の安全保障のため、行政機関の長が「特定秘密」に指定して国民に知らせないようにできる、という法律です。

この法律の問題点は、国民に知らせるべきことまで秘密にされ、知る権利が侵され、民主主義が壊れてしまう可能性があることです。何を秘密にしてよいのかの基準が不明確で、恣意的に秘密にされてしまうのではないか。秘密指定が適正になされているかチェックする体制はあるものの、十分とは言い難いのではないか。秘密にできる期間が長すぎないか。などの問題点があり、日弁連と全国すべての弁護士会が違憲と指摘しています。

すでに、たくさんの秘密指定がなされています。国民が知れば大騒ぎになるようなことが秘密にされている可能性もありますが、何が秘密かも秘密なのでわかりません。この法律により、すでに民主主義が壊れているのかもしれませんが、壊れているかどうかもわからないのです。詳しくは、拙著『檻の中のライオン』をご参照ください。

事例

文書を隠す──自衛隊の日報隠ぺい問題

南スーダンPKO派遣日報問題

南スーダンに派遣された自衛隊の活動［p173］について調べていたジャーナリストの布施祐仁氏が、南スーダンの自衛隊宿営地のすぐ近くで2016年7月に大規模戦闘があったとの報道を受け、7月7日〜12日の自衛隊日報を9月30日に開示請求しました。

これに対して防衛省は「文書を廃棄したため不開示」と12月2日に回答。

わずか数カ月で破棄されるはずがないと考えた布施氏が稲田朋美防衛大臣に再探索を求めると、2017年2月6日、河野太郎衆議院議員が、日報データが存在することをTwitterで投稿。2月9日には、不開示決定が取り消されるとともに、統合幕僚監部で日報の存在が確認されたのは1カ月以上も前の2016年12月26日であることも明らかになりました。

その後、統合幕僚監部には南スーダンでの日報データが過去5年分すべて保存されていること、陸上自衛隊にも日報データが保存されていたこと、それを非公表にしようという防衛省上層部の方針を稲田防衛大臣も了承していたことも判明しました。

防衛省の不祥事を調査する防衛監察本部は、開示すべき日報を「破棄した」と偽って開示しなかったもので、情報公開法や自衛隊法に違反すると認定。組織ぐるみの隠蔽だったことが明らかとなり、2017年7月に稲田大臣や陸上幕僚長、防衛事務次官が引責辞任する結末となりました（なぜそんなに隠したかったのかについては173ページ）。

それから3カ月後の衆院選では自民党が圧勝。福井1区の稲田氏も、前回とほぼ同じ得票数（2014年は11万6855票、2017年は11万6969票）で当選を果たしたのでした。

この件の詳細は、布施祐仁・三浦英之『日報隠蔽』（集英社）をご覧ください。

イラク派遣日報問題

イラク戦争（2003〜2011年）の際、イラク特措法（2003年成立）に基づき、2003年から2009年まで自衛隊がイラクに派遣されました。これについては名古屋高裁で違憲判決が出ています［p163］。

2017年2月の国会で、このイラク派兵の日報を開示するよう野党が求め、稲田朋美防衛大臣は「残っていないと確認した」と答弁していました。しかし、2018年4月、小野寺五典防衛大臣は日報が存在していたことを明らかにし、陳謝。陸上幕僚監部は1月に文書の存在を把握していたことも判明しました。

事例

文書の改ざん――森友学園問題

大阪府豊中市の国有地が森友学園に大幅に値引きして売却されたことが2017年2月に発覚しました［p75］。安倍首相夫妻と籠池泰典・森友学園理事長とが親しい関係だったために不当に安くしたのではないかが疑われましたが、安倍首相は「私や妻が関係していたら首相も国会議員も辞める」と国会で答弁。その直後に、土地取引に関する公文書の改ざんがおこなわれました。

発覚したのは1年後の2018年3月。「特例」という言葉や、安倍昭恵氏が森友学園を訪れていたことを削除するなど、学園側を優遇したと受け取られる記載の改ざんでした。首相の答弁に合わせて公文書を書き換え、国民に真実を知らせないようにするなど、民主政治においてあってはならないことです。

改ざんに関わったことを苦に自殺した近畿財務局の赤木俊夫氏の遺族が、財務省理財局長だった佐川宣寿氏と国を相手に損害賠償を求めて提訴しており、訴訟の行方が注目されます。

事例

文書を隠す――加計学園問題

獣医師の需要が拡大したとして、それまで認められていなかった獣医学部の新設を認めることになり、これに京都府と京都産業大学が応募していました。が、その後「広域的に獣医師系学部が存在しない地域に限り」新設できると制度改正がおこなわれ、2017年1月、今治市と加計学園が選定されました。

この選定について、文科省の文書に「総理のご意向」との記載があることが2017年5月に報道され、加計学園理事長の加計孝太郎氏が安倍首相と旧知の仲であったことから、森友学園問題と同様「お友だち優遇」ではないかとの疑惑が持ち上がりました。

「総理のご意向」文書について、菅義偉官房長官は「全く、怪文書みたいな文書じゃないか」などと述べて否定し、松野博一文科大臣も文書の存在を確認できなかったと報告していました。しかし、前川喜平文科省事務次官が文書の存在を証言し、その後、松野文科大臣は「総理のご意向」「官邸の最高レベルが言っている」との文書があったとして陳謝しました。

事例

文書を棄てる——「桜を見る会」の名簿破棄

「桜を見る会」は内閣総理大臣が主催し各界の功労者を新宿御苑の花見に招待する恒例行事ですが、安倍内閣になってからこの予算が急増し、安倍首相が会を私物化していると国会で追及されました［p77］。

しかし、2019年5月9日、「桜を見る会」の招待客名簿データについて野党議員が質問をすると、その約1時間後に、名簿がシュレッダーで廃棄されました。

名簿の破棄が国会質問の直後だったことについて、内閣府は、それ以前に破棄する予定だったが「シュレッダーが混んでいたから」できなかったと弁明。どんなシュレッダーか国会議員が視察しようとすると、これも拒否しました。

公文書については以上の問題の他にも、公用メールの破棄、首相と官庁幹部の打ち合わせ記録を作成しない、などの問題があります。これについては毎日新聞取材班編『公文書危機 闇に葬られた記録』(毎日新聞出版)をご参照ください。

事例

文書を作らない――検事長定年延長の「法解釈変更」は「口頭で決裁」

公務員は一定の年齢で定年退職すると法律で定まっています。しかし、2020年1月、東京高検の黒川検事長だけ定年を延長する、という閣議決定がなされました。内閣は国会が作った法律に基づいて行政をしなければならないのに、法改正をすることなく、内閣が勝手に閣議決定で決めてしまったのです［p93］。

これについて、過去の政府解釈と整合性がとれないことを指摘されると、安倍首相は「法解釈を変更した」と答弁。これについて森法務大臣は「口頭で決裁したので文書はない」と答弁。一宮なほみ人事院総裁は、この口頭決裁について議事録を作成していないと答弁しました。

実際には決裁などしていないことが疑われます。この問題は「立法権と行政権の分立」「検察権の独立」を侵すのではないかという憲法問題です［p93、1-3-1］。このような重大事について「口頭で決裁」ということがまかり通るなら、他の問題についても、文書の隠蔽や改ざんなどをするまでもなく、ごまかしが効くことになってしまいます。

事例

詳細な文書は作らない――コロナ対策の議事録

新型コロナウイルス対策としてさまざまな政策がおこなわれています。それが適切なものであったか事後的に検証できるようにして将来に生かすためにも、文書を残すことが重要です。

2020年3月、政府は新型コロナウイルスを巡る事態を、行政文書の管理のガイドラインに基づく「歴史的緊急事態」に指定し、将来の教訓として通常より幅広い文書の作成をおこなうと決めていました。しかし、菅義偉官房長官は5月29日、新型コロナウイルス感染症対策を検討する政府専門家会議の議事録を残していない、発言者が特定されない形の「議事概要」で十分だと述べました。これでは事後的な検証ができないと批判され、6月8日、議事概要の発言者は明記するとされました。

7月3日には専門家会議が廃止され、医療だけではなく経済など幅広い分野の関係者が集まる「新型コロナウイルス感染症対策分科会」が新設されましたが、発言者明記の議事概要にとどめる方針は踏襲されており、発言の詳細を明記すべきだという批判があります。

2　民主政における報道機関の役割――報道の自由

報道機関がさまざまなことを報道することで、主権者である私たちは、政治に関する情報を知ることができます。

最近、「テレビは公平な報道を」という話題が時々なされています。**放送法4条**は、放送局に「**政治的に公平**」な放送をするよう求めており、この規定に基づく議論です。

放送法4条

放送事業者は、国内放送及び内外放送（以下「国内放送等」という。）の放送番組の編集に当たつては、次の各号の定めるところによらなければならない。

一　公安及び善良な風俗を害しないこと。

二　**政治的に公平**であること。

三　報道は事実をまげないですること。
四　意見が対立している問題については、できるだけ多くの角度から論点を明らかにすること。

時事問題を考える前に、**放送法4条の憲法上の位置づけ**を押さえておきましょう。報道機関の「報道の自由」は、憲法21条（表現の自由）で保障されています。最高裁判所の判例では、報道機関には「国民の知る権利に奉仕する」役割があるとされています。ですから、本来、報道機関は公権力から介入を受けず、自由に放送できるはずです。

この報道（放送）の自由に公権力が介入して注文をつけているのが放送法4条です。ということは、放送法4条は報道（放送）の自由を制約し、憲法21条に違反しないでしょうか。新聞や雑誌にはこのような規制はありません。なぜ放送だけ規制するのでしょうか。

放送には、次のような特性があると言われています。

① **電波の周波数は有限**で、限られたチャンネルしかありません。通常は、おかしな意見には自由に反論することができますが、おかしな放送に対して自由に放送局を作って反論す

るわけにはいきません。

② テレビは、スイッチを入れるだけで映像と音声でお茶の間に流れ、他のメディアにはない**大きな影響力**があります。

③ 民放は、**時間単位**で視聴率をもとに広告料収入を得る（ページ単位で読者を獲得するわけではない新聞とは異なる）ため、自由に任せると、視聴率を上げるため通俗的な内容になりやすいと言われています。

限られたチャンネルで「偏った」「通俗的な」放送ばかりなされれば、影響力の大きさと相まって、私たちの知る権利は充たされなくなってしまいます。このような放送の特性から、私たちの知る権利を充たすために、放送に対する規制が必要だと言われています。

ただ、表現の自由は民主政を支える権利なので、規制手段は最小限でなければなりません。その点、放送法には違反した場合の制裁（罰則など）は書かれておらず、放送局の自主的判断に委ねられている倫理的規定（努力目標）とみることができます。そのため、規制手段は最小限のもので、報道の自由を不当に侵害するものではなく、むしろ視聴者である国民の知る権利の充足に資するものだと考えることができるため、憲法21条に違反しないという見解が有力です。

これに対して、「電波は有限」といっても最近はチャンネルはたくさんあるのだから、放送は新聞・雑誌と同様、自由に委ねてはどうか、放送法４条は憲法21条に違反する、という意見もあります。

参考に、司法試験での放送法に関する問題も紹介します。

平成7年度司法試験　憲法第1問

放送法は、放送番組の編集に当たって、「政治的に公平であること」、「意見の対立している問題については、できるだけ多くの角度から論点を明らかにすること」、を要求している。新聞と対比しつつ、視聴者及び放送事業者のそれぞれの視点から、その憲法上の問題点を論ぜよ。

以上をふまえて、時事問題を見ていきます。

事例

自民党が「報道の公平中立」を要請

2014年11月21日に衆議院が解散され、12月に総選挙がおこなわれました。この解散の前日、自民党はテレビ局に対し、「選挙時期における報道の公平中立ならびに公正の確保についてのお願い」という文書を送りました。「テーマについて特定の立場から特定政党出演者への意見の集中などがないよう」「街頭インタビュー、資料映像等で一方的な意見に偏る、あるいは特定の政治的立場が強調されることのないよう」など、細かく要請する内容でした。

その結果、この選挙中、選挙についての放送時間は約70時間と、過去10年で群を抜いて少ないものとなりました（株式会社エム・データ調べ）。

放送法4条は国民の知る権利を充足するための規定なのに、放送法4条によって選挙報道が大きく減り、国民の知る権利が大きく制約されてしまいました。これでは本末転倒です。政権党が放送法4条をこのような形で使うのは、憲法上問題があります。

事例

自民党がテレビ局幹部を呼んで事情聴取

２０１５年４月、自民党は、ＮＨＫとテレビ朝日の幹部を呼んで、放送内容について事情聴取しました。ＮＨＫはやらせ疑惑について。テレビ朝日は「報道ステーション」で降板予定のコメンテーター・古賀茂明氏が「菅官房長官をはじめ、官邸のみなさんにはものすごいバッシングを受けてきた」と発言したことについて。

これも、政権党が放送内容に介入するもので、憲法上問題があります。

事例

放送法４条違反なら電波停止を命じる可能性を示唆

２０１６年２月、高市早苗総務大臣は国会で、放送局が政治的に公平でない放送をした場合には電波停止を命じる可能性に言及しました。

政権党が「公平」かどうかを判断し、政権党が「公平でない」と判断したら電波を停止する、などと言われたらどうなるでしょうか。政権党が判断するなら「政権批判は公平でない」ということになりかねません。そもそもどのような放送が「公平」なのかについてはさまざまな考え方があり得ますし、「公平」と「不公平」の線引きも明確にできるわけではありません。このような不明確な概念で、時の政権が電波停止という厳しい制裁を科すとなると、報道が萎縮してしまうことでしょう。放送局としては、政権の顔色を窺いながら、政権批判を避けたり、政治的テーマ自体を避けたりして、当たり障りのない放送ばかりするようになりかねません。そうなれば国民の知る権利は充たされなくなります。

放送法4条が、このような厳しい法的制裁を伴う規定であるとすれば、この規定は放送局の放送の自由や国民の知る権利を侵害し、違憲と言わざるを得ません。倫理的規定（努力目標）と考えるからこそ、報道の自由に対する過度の制約とはならず、国民の知る権利の充足に資する規定となるのです。

放送局は「国民の知る権利に奉仕する」という憲法上の使命や、放送法4条の憲法上の位置づけを理解し、不当な圧力に屈することなく、国民のために、その使命を果たしていただきたいと思います。

3 民主主義って多数決？——立憲民主主義

選挙では得票の数が多い人が当選します。国会では「賛成多数」なら法律などが可決されます（56条）。このように、民主主義では、数が多いか少ないかで物事が決まります。

しかし、数をもってすれば何をしてもよいでしょうか。たとえば「ジャイアンツファンが多数だから全員ジャイアンツを応援しよう」と多数決で決めてもよいでしょうか。他チームの熱狂的ファンにとって、それは「人格否定」です。人格否定される人がいてはいけません。すべての人が人間らしく生きられるようにするための民主主義［p38］ですから、これでは本末転倒です。このようなことが起きないよう、多数決では負けてしまう少数派も人間性までは否定されないことを、憲法が保障しています。それが基本的人権の規定です。このように、基本的人権など憲法の規定に反することを多数決で決めてはいけないのです。

このような多数決を防ぐためには、まずは「どこのチームを応援するかは個人の自由でしょ」という少数派の意見を聞き、議論することが重要です。多数派がいつも正しいとは限りません。議論することでより良い方向に修正できます。逆に、話をすれば少数派が納得することもあるでしょう。国会で、いきなり採決せず、審議をするのはそのためです。

このように、**決める手続（話し合う）、決めた内容（憲法違反はダメ）、いずれも憲法の理念に則った民主主義**でなければなりません。これを「**立憲民主主義**」といいます。

事例

相次ぐ強行採決

最近の国会では、審議が尽くされているでしょうか。

安保関連法制［p－50］の審議では、憲法学者や弁護士会が憲法違反と指摘し、世論も反対が多く、内閣支持率も下がる中、誠実とは言い難い答弁が繰り返された末、さらなる審議を求める野党の意見に耳を貸さず、採決が強行されて成立しました。2015年9月17日の参議院平和安全法制特別委員会の採決の際には、多数の議員が議長を取り囲み騒然とし、未定稿議事録では「速記中止」「発言する者多く、議場騒然、聴取不能」とされていましたが、その後作成された公式の議事録では「速記を開始」「質疑を終局した後、いずれも可決すべきものと決定した」などの文言が加えられていました。「採決が存在していない」という指摘もあるほどです。

特定秘密保護法〔p43〕も、共謀罪法〔p186〕なども、短い審議時間で、野党が採決に反対する中、採決が強行されました。

各地の弁護士会は、法律の内容だけでなく、このような審議のプロセスについても憲法の理念に反していると指摘しています。

国会審議が形骸化しているだけではありません。国会自体が開かれないという問題もあります。まず、臨時国会に関する条文をご紹介します。

日本国憲法　53条〈臨時会〉

内閣は、国会の**臨時会**の召集を決定することができる。いづれかの議院の総議員の**四分の一**

> 以上の要求があれば、内閣は、その召集を決定しなければならない。

「総議員の4分の1」つまり多数決では負けてしまう少数派勢力が、話し合いたいことがあるから国会を開いてほしいと要求したら、内閣は臨時国会を召集しないといけない、と書かれています。少数派の意見もしっかり聞いて議論してこそ民主主義だ、という「立憲民主主義」の理念に基づいています。

しかし、最近、4分の1以上の議員が要求しても臨時国会が開かれない事例が続いています。

事例

臨時国会が開かれない①

2015年10月21日、憲法53条に基づき、衆参各議院の4分の1の議員が要求したにもかかわらず、翌年1月4日通常国会が始まるまで、2カ月以上にわたって臨時国会が召集されませんでした。

表向きには首相の外交日程などが理由とされましたが、そのような政治的な理由で憲法上の義務を拒否することは許されませんので、憲法53条違反と言わざるを得ません。9月に成立したばかりの安保法制［p150］などについて野党から追及されたくない、という意図があったのではないでしょうか。

事例

臨時国会が開かれない②

2017年6月18日に通常国会が閉幕した直後の6月22日、衆参各議院の4分の1以上の議員が臨時国会の召集を要求しました。しかし、3カ月以上召集されず放置されました。これも憲法53条違反と言わざるを得ません。

臨時国会は9月28日にようやく開かれましたが、その冒頭で、内閣は衆議院を解散してしまい、これにより参議院も閉会となり（54条2項）、臨時国会は一瞬で終わってしまいました。憲法上しなければならない臨時国会ですから、開いた瞬間に終わらせてはいけません［p

1−5]。この解散も、憲法違反と言わざるを得ません。

この直前に明らかとなった森友・加計学園問題、6月15日に成立したばかりの「共謀罪」法について、政権にとって都合の悪いことが明るみにならないように、という意図があったのではないでしょうか。実際、2017年衆院選が終わった後、2018年になって、森友学園問題で文書を改ざんしていたことが明らかとなったのでした［p47］。このような事実を明らかにしたうえで選挙をやっていれば、選挙結果は違っていたかもしれません。

なお、自民党改憲草案の53条は「要求があった日から**二十日以内**に臨時国会が召集されなければならない」となっています。自民党は、国会の召集は20日あれば十分だと自ら表明していながら、20日どころか2カ月も3カ月も開かなかったのです。この件について違憲訴訟は起きてい

ますが、違憲判決は出ていませんせん［p138］。

憲法53条には、内閣が要求に反して臨時国会を召集しなかった場合のペナルティーが書かれていません。ということは、日本国憲法は、①ペナルティーを書かなくても、「召集しなければならない」と書いているのに召集せず放置するなんてことはないだろう、②仮にそういうことが起きたら国民が黙っていないだろう、選挙で投票に行ったりしてお仕置きをするだろう、と想定していることになります。

しかし実際には、①のようなことを政治家がやってしまっているうえ、②そんなことが起きていることすら知らない国民が圧倒的多数なのではないでしょうか（私の講演会場での参加者の反応を見てそう感じます）。有権者は、直後（2017年10月）の衆院選で、お仕置きをするどころか、与党に3分の2（改憲発議も可能）もの議席を維持させたのでした。

事例

通常国会が延長されず、臨時国会も開かれない③

通常国会（52条）は、毎年1月に始まり、会期は150日とされていますので、6月に終わります。ただし、会期が延長されることもあります。

2020年の通常国会では、野党4党は、会期を延長すべきだと主張しました。新型コロナウイルス対策、河井克行・案里議員の公職選挙法違反問題［p181］などさまざまな問題について議論の必要があるというのが理由です。しかし、与党の意向で延長されず、6月17日で閉会となりました。

その後、7月31日に、4分の1以上の議員が臨時国会の召集を要求しました。新型コロナウイルスの感染再拡大や豪雨災害の対応策を審議するためです。

2020年6月10日の那覇地裁の判決で「臨時国会の召集は法的義務」「召集時期について内閣の裁量は大きくない」といった判示がなされた［p138］にもかかわらず、内閣は「10月以降に」などと述べすぐに召集しようとしませんでした。その後、8月28日に安倍首相の辞任表明があり、これを受けて次の首相指名（67条）のため9月16日に臨時国会を開くことになりました。が、53条違反と言っていいでしょう。

事例

予算委員会が開かれない

2019年4月12日、衆院と参院の予算委員会に所属する議員のうち3分の1以上が、予算委員会の開会を要求しました。議院規則に基づく要求です。

衆院規則第67条2項・参院規則第38条2項

委員の3分の1以上から要求があつたときは、委員長は、委員会を開かなければならない。

しかし、予算委員会は2カ月半も開かれず放置されました。6月26日にようやく開かれましたが、衆議院予算委員会は1分半、参議院予算委員会は2分半程度で終わってしまいました。

column

議員には特別な権限がある――免責特権

憲法に、「議員さん、遠慮しないでしっかり議論してくださいよ」という規定があります。

日本国憲法　51条〈免責特権〉
両議院の議員は、議院で行つた演説、討論又は表決について、院外で責任を問はれない。

国会で「こんな発言をしたら名誉毀損で損害賠償請求をされないだろうか?」などという心配をせず、自由闊達に議論できるよう、法的責任を免除しています。ただし、政治的責任は負いますし、所属議院による懲罰（58条2項）の対象にもなり得ます。

私の講演で、弁護士資格を持つ国会議員が憲法違反の発言などをしたら、所属弁護士会に懲戒請求できないのか、という質問を受けることがあります。しかし、51条の「責任」には弁護士法上の懲戒責任も含まれ、そのような懲戒請求は認められません。

4 「代表なくして課税なし」——財政民主主義

財政についてもさまざまな問題が起きています。時事問題に入る前に、憲法の原則論を確認しておきましょう。

国の財政については、国会が決める仕組みとなっています(財政民主主義)。私たちを代表する国会がお金のことを決めるなら、政治権力が好き勝手に税金を徴収したり、集めたお金を無駄遣いしたり、といったことを防げるはずだという考え方です。

日本国憲法 83条〈財政民主主義〉

国の財政を処理する権限は、**国会の議決**に基いて、これを行使しなければならない。

日本国憲法 84条〈租税法律主義〉

あらたに**租税**を課し、又は現行の租税を変更するには、**法律又は法律の定める条件**によることを必要とする。

この「財政民主主義」の原則を、より具体化したのが85条です。

日本国憲法　85条

国費を支出し、又は国が債務を負担するには、**国会の議決**に基くことを必要とする。

ここにいう「国会の議決」は、主に「予算」という形式でなされます。それが86条です。

日本国憲法　86条

内閣は、毎会計年度の**予算**を作成し、**国会に提出**して、その審議を受け議決を経なければならない。

ここまでが原則論です。集めた税金をどこにいくら使うかは、行政にあたって実際にお金を使う内閣が予算案を作成したうえで（73条6号）、私たちを代表する国会が**事前に**チェックすることになっています。そうすれば、税金がおかしなところに使われないはずだという考え方です。

予備費ってなに？

事前チェックが原則ですが、その**例外**が**「予備費」**という制度です。

日本国憲法　87条〈予備費〉

1　予見し難い予算の不足に充てるため、国会の議決に基いて**予備費**を設け、内閣の責任でこれを支出することができる。

2　すべて予備費の支出については、内閣は、**事後に国会の承諾**を得なければならない。

予測できない事態で予算が足りなくなった場合に備えて、国会で「予備費」の総額だけ決めておき、実際に予算が足りなくなったら、内閣がどこにお金を使うかを決めて支出し、**事後的に**国会が承諾する、という制度です。

事例

新型コロナウイルス対策で、巨額の予備費10兆円

２０２０年通常国会において、新型コロナウイルスの感染拡大に対応するための第１次補正予算で、１兆５０００億円という多額の予備費を計上し、第2次補正予算案でさらに10兆円という、かつてない異例の規模の予備費を積み増しました。これに対して野党から批判が相次ぎました。

予備費の額は、１９８９年以降、ほぼ毎年３５００億円が計上され、２０１９年度と２０２０年度は５０００億円。これとは別に、リーマンショックのあとの２００９年度と２０１０年度には各１兆円、東日本大震災を受けて２０１１年度の第２次補正予算で８０００億円を計上しました。

これらと比較すると、10兆円というのは桁違いの額です。

国家予算はあくまで、事前に国会がチェックするのが憲法の原則です。例外にあたる予備費があまりに多額では、原則と例外がひっくり返ってしまい、内閣が適正にお金を使っているかどうかわからなくなってしまいます。憲法の本には次のように書かれています。「過去

の実績に照らし、国費の支出に関する国会の事前議決の原則を没却するような多額の予備費の計上は、憲法の趣旨に反するといえよう」(芹沢斉ほか編『新基本法コンメンタール憲法』、p459)。

予備費を支出した場合、事後的に国会の承諾が必要とされています(87条2項)。しかし、すでに支出してしまっているのですから、国会が承諾しなかったとしても、支出が法的に無効になるわけではありません。国民や野党などから批判を受けるなど、政治的に責任を問われるにすぎません。

そのような憲法の理解に基づき、野党は10兆円の予備費を批判したわけです。その結果、10兆円のうち5兆円の使途を明示するという妥協案で決着しました。

与党が数の力でごり押しせず、野党の言い分を聞いて妥協するに至ったのは、立憲民主主義のあるべき姿ということもできます。ただ、それでも5兆円の使途は内閣に白紙委任するような形となり、疑問は残るところです。

通常国会を延長したうえで、予算が必要となる都度、国会で予算審議をすれば、予備費はもっと少なくて済んだかもしれません。野党の要求に反して通常国会を閉会したこと、臨時国会を開かなかったこと［p65］とあわせて、国会や民主主義を軽んじているという批判があてはまると思います。

公金支出等の制限

財政民主主義が原則ですが、国会で多数を占める政権党であっても、お金を好き勝手にしてよいわけではありません［立憲民主主義、p59］。してはいけないことが憲法89条に書かれています。

日本国憲法　89条

公金その他の公の財産は、宗教上の組織若しくは団体の使用、便益若しくは維持のため、又は公の支配に属しない慈善、教育若しくは博愛の事業に対し、これを支出し、又はその利用に供してはならない。

宗教に税金を使ってはいけない、という前段は、政教分離（20条3項）を財政面から裏付ける趣旨です。国が特定の宗教にお金を出すと、他の宗教を信じる人にとっては、信じていない宗教のために税金を支払わされることになってしまいます。

「公の支配に属しない」事業に公金を使ってはいけない、という後段については、どういう趣旨なのか、解釈上争いがあります。①お金を出すなら口も出す、となりがちなので、国が口出しして私的事業の自主性が損なわれないように、お金を出すなという趣旨とみる説、②濫費(無駄遣い)を防ぐ趣旨とみる説などがあります。

事例

9億円の国有地を8億円値引きして売却
森友学園への国有地売却問題

2016年6月、学校法人森友学園に、大阪府豊中市の国有地(鑑定価格9億円)が1億3400万円で売却されました。2012年に7億円で購入しようとした別の学校法人には売却されなかった土地でした。森友学園が新設する学校に「安倍晋三記念小学校」という名前で寄付が募られたり、名誉校長は安倍昭恵氏とされていたりしたことから、「お友だち優遇」で不当に安くされたのではないかという疑惑が持ち上がりました。

89条の条文にあてはめてみましょう。

「公の財産は」……国有地は
「公の支配に属しない」……私立の
「教育……の事業に対し」……学校に対し
「利用に供してはならない」……大幅に値引きして売却してはいけない

これに関連して、私立学校に「公金」を支出する私学助成は89条に違反しないか、私立学校は「公の支配に属しない」のではないか、という論点があります。89条後段を「税金の無駄遣いを防ぐ」という趣旨と考え、緩やかながら公の支配の及んでいる私立学校への助成は税金の無駄遣いではなく、むしろ26条（子どもの学習権）の要請にかなう、などと考える合憲説が通説です。

だとしても、よくわからない理由で国有地が大幅に値引きされたのであれば、まさに国有財産の無駄遣いであり、26条の要請も働きませんので、89条に反していると言ってよいと思います。

事例

「桜を見る会」に、税金で首相の支持者を招待

桜を見る会の問題についても、公金を私的なことに使ったのではないか、という89条の問題ととらえることができます。

桜を見る会は、毎年総理大臣が主催して新宿御苑でおこなう花見会で、各界の功労者が招かれる公的なイベントです。費用は公金から支出されます。しかし、安倍内閣になってから、総理大臣の後援会の方々など首相の支持者が多数招かれるようになり、予算の額も急上昇。一方で国際貢献や災害復旧などの功労者は大きく減っていました。このように私物化されたイベントのために公金が使われるなら、「税金の無駄遣いを防ぐ」という89条の趣旨に反す

ることになるでしょう。
安倍首相が地元の後援者を多数招いて酒食を提供したことは選挙人の買収（公職選挙法違反）にあたるなどとして、刑事告発されています。

会計検査院

国のお金の収支は、政治権力から独立した「会計検査院」がチェックします。財政民主主義といっても、政権党が好き勝手してよいわけではない、という立憲民主主義の考え方がここにも表れています。

日本国憲法　90条1項〈会計検査院〉
国の収入支出の決算は、すべて毎年**会計検査院**がこれを検査し、内閣は、次の年度に、その検査報告とともに、これを国会に提出しなければならない。

事例

会計検査院にも特定秘密を知らせない

政府は、2016年2月12日、特定秘密［p43］を会計検査院に対しても提供しない場合があるという見解を発表しました。

しかし、憲法90条には「すべて」検査しなければならないと書かれています。この見解によると、「すべて」の検査ができなくなり、90条に違反すると指摘されています。

事例

森友学園問題に対する会計検査院のチェックは？

「森友学園問題」［p47、75］での国有地売却を巡って、国有地がごみ撤去費の名目で約8億円も値引きされたことに問題がなかったか、会計検査院が調査しました。その結果が2017年11月22日、報告されました。しかし、売却価格はいくらが適正だったのか具体的な額は示されず、値引きが不当だったかどうかには言及がありませんでした。

その後、財務省が会計検査院に改ざんした決裁文書を提出していたり、法律相談文書や交渉記録を提出していなかったりしたことが判明しました。決裁文書の改ざんについて会計検査院は、「2種類の文書が存在することには検査中から気づいていた」と明らかにしており、会計検査院は2017年時点で改ざんを認識していながら、それを隠していたのではないかと疑われています。

その後、再検査がおこなわれ、2018年11月22日に結果が報告されましたが、やはり値引きの妥当性には触れられませんでした。

5 民主主義のブレーキは効いている?――「2/3」の意味

以上のとおり、憲法に反する政治の動き、つまりライオンが檻を壊す動きが次々起こっています。そういうときは、民主主義に則り、私たちが声を上げたり選挙で投票したりして、ブレーキをかけなければいけません。

しかし、衆議院では、2012年、2014年、2017年の衆院選で、**与党(自民党と公明党)が3分の2**の議席を維持しつづけています。

参議院では、2016年の参院選で、自民党・公明党に維新の会を含めた、いわゆる**「改憲勢力」が3分の2**を占めました。2019年の参院選では「改憲勢力」が議席を減らし、3分の2を割る結果でした。

「3分の2」という議席は、憲法上どのような意味があるでしょうか。「3分の2」が登場するのは以下の5つの規定です。

日本国憲法　96条1項〈憲法改正手続〉

この憲法の改正は、各議員の総議員の**三分の二**以上の賛成で、国会が、これを発議し、国民に提案してその承認を経なければならない。この承認には、特別の国民投票又は国会の定める選挙の際行はれる投票において、その過半数の賛成を必要とする。

改憲発議には「3分の2」が必要です。過半数を占めている与党をも縛るのが憲法ですから、与党だけで改憲発議できないようにするためです［p27］。

日本国憲法　59条2項〈法律案の再議決〉

衆議院で可決し、参議院でこれと異なつた議決をした法律案は、衆議院で出席議員の**三分の二**以上の多数で再び可決したときは、法律となる。

衆議院で可決した後、参議院で否決された場合、もう一度衆議院で審議して3分の2以上が賛成すれば、法律を成立させることができる、という規定です。

2012年の衆院選以降、衆議院で与党が3分の2以上の議席を占めています。60ページのように、まともに議論をせず「与党多数」だけで法案を可決するような国会運営をするなら、衆議院の与党3分の2の意向だけで法案を成立させられることになり、参議院の存在意義が薄れてしまいます。

日本国憲法　55条〈資格争訟裁判〉

両議院は、各々その議員の資格に関する争訟を裁判する。但し、議員の議席を失はせるには、出席議員の**三分の二**以上の多数による議決を必要とする。

日本国憲法　58条2項〈議員懲罰権〉

両議院は、各々その会議その他の手続及び内部の規律に関する規則を定め、又、院内の秩序をみだした議員を懲罰することができる。但し、議員を除名するには、出席議員の**三分の二**以上の多数による議決を必要とする。

いずれも、議員をクビにする場合は「3分の2」が必要とされています。これは、与党が多数決を濫用して、気に入らない野党の議員をクビにするようなことが起きないように、という趣旨です。

日本国憲法　57条1項〈会議の公開・秘密会〉

両議院の会議は、公開とする。但し、出席議員の**三分の二**以上の多数で議決したときは、秘密会を開くことができる。

国会審議は公開されますが、3分の2がそろえば非公開にできます。これも、与党による多数決の濫用を防ぐ趣旨です。

このように5つの規定を眺めると、「3分の2」は、「与党だけでは満たさない」という意味を含んでいるように思われます。とすると、与党が3分の2の議席を維持しつづけるのは憲法上バランスを失しているという言い方もできるでしょう。支持を得られない野党にも問題はあるでしょうし、選挙制度の問題もあるでしょうが、政権与党が憲法違反を繰り返しているにもかかわらず、「憲法違反はダメよ」ではなく「憲法いじっていいよ」と反対のことを言ってしまっているような選挙結果となっています。ブレーキをかけるべきところでアクセルを踏んだら事故の元です。

安保法制、森友学園問題、加計学園問題などが話題になると内閣支持率は下がりますが、しばらくすると、支持率は回復していきます。いずれも、問題が無くなったわけではないのに、有権者の記憶からは無くなっていくようです。

「右か左か」ではなく「民主主義という仕組みそのものが壊れていないか」が問題です。私たちが政治家を選ぶのが民主主義ですから、おかしな政治がまかり通っていたら、有権者の側にも問題があります。

3

権力分立は大丈夫？

「民主主義」と並ぶもう1本の柱（幹）が**「権力分立」**です［p38］。

憲法は、**国会に立法権、内閣に行政権**を与え、**政治を前に進めるアクセル**を用意しています。アクセルを踏むのは政治家です。

一方で、憲法は、「国会」「内閣」「裁判所」、あるいは「国」と「地方」といったように権力を分け、**権力同士が互いにチェックしてブレーキをかけあう仕組み**にしています。権力は濫用されがちであるため、権力にブレーキをかけて濫用を防ぐことで、私たちの自由（人権）が侵されないようにしているのです。「民主主義」に対して、こちらは「自由主義」と言われます。「自由と民主」の2本柱です。

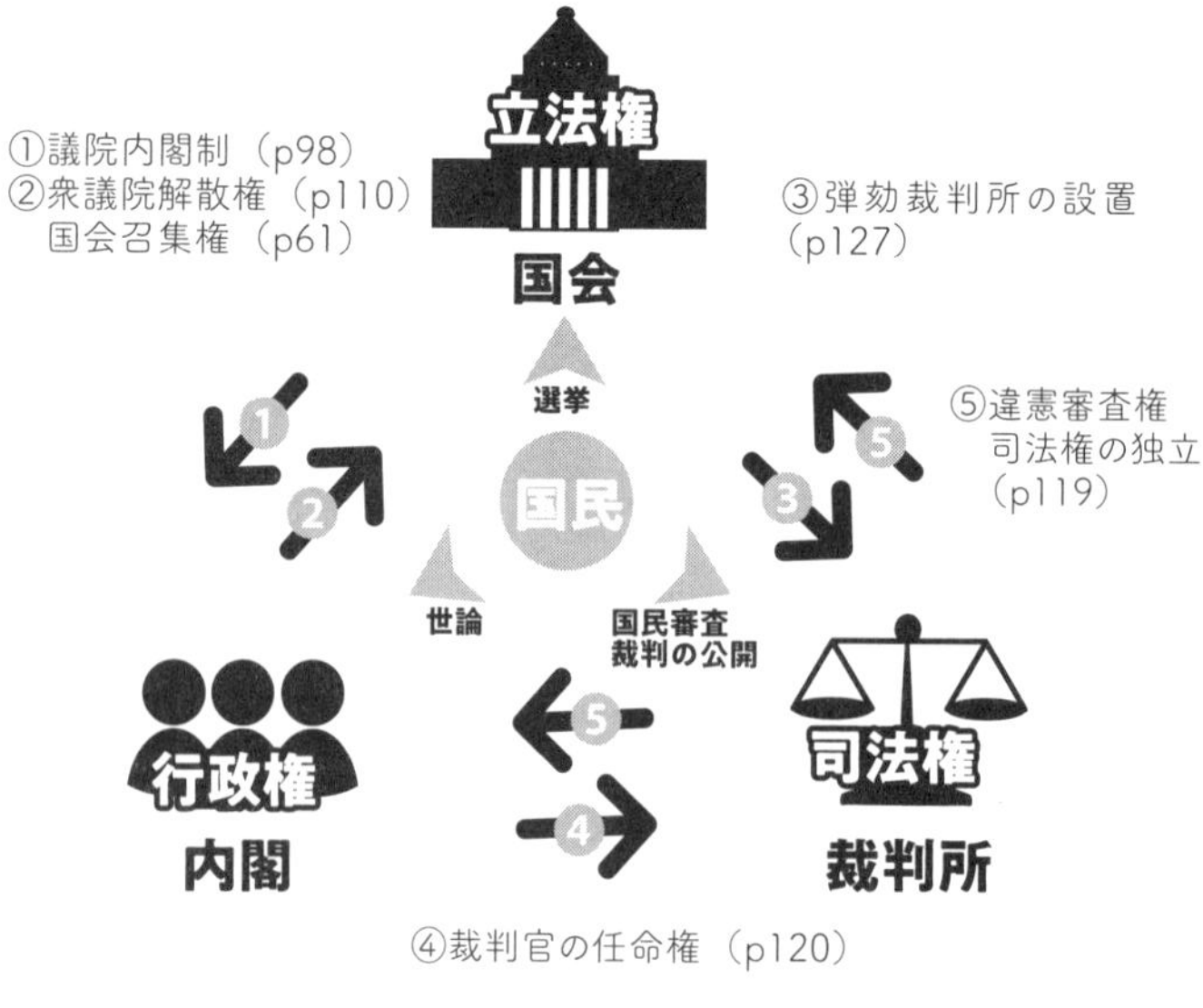

1 国会と内閣の関係

（1）国会＝立法府、内閣＝行政府

憲法は、立法権を国会に、行政権を内閣に、それぞれ授けています。

日本国憲法 41条
国会は、国権の最高機関であつて、国の唯一の立法機関である。

日本国憲法 65条
行政権は、内閣に属する。

法律つくってもいいよ
憲法
ただし、憲法の範囲内でね！
授権・制限
国会
※内閣（行政権）、裁判所（司法権）も同様

行政がどのようにおこなわれるかは、私たちの生活に密接にかかわります。行政によって私たちの人権が侵害されないようにしなければなりません。行政によって社会権（25条〜28条）を充足することも必要です。

そこで、内閣がおこなう行政は、私たちの代表者である国会による民主的コントロールを受けることになっています。内閣の職権を列挙した73条には、「法律」「国会」という言葉がたくさん書かれています。

日本国憲法　73条〈内閣の職権〉

内閣は、他の一般行政事務の外、左の事務を行ふ。

一　**法律を誠実に執行**し、国務を総理すること。

二　**外交関係**を処理すること。

三　**条約**を締結すること。但し、事前に、時宜によつては事後に、**国会**の承認を経ることを必要とする。

四　**法律**の定める基準に従ひ、**官吏に関する事務**を掌理すること。

五　**予算**を作成して**国会**に提出すること。
六　この憲法及び**法律**の規定を実施するために、**政令**を制定すること。但し、政令には、特にその**法律**の委任がある場合を除いては、罰則を設けることができない。
七　大赦、特赦、減刑、刑の執行の免除及び復権を決定すること。

閣議決定ってなに?

内閣は73条の権限をどのように行使するのでしょうか。内閣は、内閣総理大臣とその他の国務大臣の合議体です(66条1項)。ですから、大臣全体の会議(閣議)で決めます(内閣法4条)。これが「**閣議決定**」です。大臣の全員一致で決める慣行になっています。

最近、問題のある閣議決定がいろいろなされています。まず、憲法9条に違反して集団的自衛権を容認する閣議決定がなされました(115ページで解説します)。

「安倍首相はポツダム宣言を当然読んでいる」「島尻沖縄北方領土担当相が『歯舞』の読み方を知らないという事実はない」「首相夫人は私人」「『そもそも』には『基本的に』という意味が

ある」「反社会的勢力の定義は困難」など、さまざまな失態を正当化する閣議決定もあります。
行政は法律に基づかなければいけませんが、法律に基づかない閣議決定もあります。

事例

武器輸出を禁止から容認へ転換する閣議決定

2014年4月1日、内閣は、武器輸出を原則禁止とする「武器輸出三原則」を全面的に見直し、武器輸出を原則容認へと転換する「防衛装備移転三原則」を閣議決定しました。

武器輸出三原則は、1967年の佐藤首相による国会答弁と、1976年の三木首相による国会答弁で政府統一見解として表明されたもので、法律ではないものの、国会での十分な審議を経て定められたものです。

武器輸出の容認が直ちに憲法9条に違反するとは言えないでしょうが、憲法9条があるからこそ、半世紀近くにわたって堅持されてきた原則であったはずです。

これを、**国会での審議を経ず、内閣の閣議決定だけ**で破棄したのです。

いくつかの弁護士会がこれに関する声明を発表しています。

事例

東京高検の黒川検事長の定年を延長する閣議決定

東京高等検察庁の黒川弘務検事長は、「検察庁法」の定年規定（63歳）により、2020年2月7日で定年退職する予定でした。検察庁法に定年延長の規定はありません。しかし、1月31日、内閣は黒川検事長について「8月7日まで勤務延長する」と閣議決定。国家公務員の定年について「退職により公務の運営に著しい支障が生ずる」ときは延長できるとする「国家公務員法」の規定を検察官にも適用する、という説明でした。

検察庁法がわざわざ定年規定をおいているのは、検察官は一般の国家公務員とは異なる［検察権独立の要請、p130］ためですので、国家公務員法の定年延長規定は検察官には適用できません。その旨の答弁が1981年になされていたことが、2月10日に判明しました。つまり、この閣議決定は、**国会が作った法律を内閣が勝手に変える**、違法なものでした。

人事院の松尾恵美子給与局長は、2月12日「現在までも同じ解釈を引き継いでいる」と答弁。同じ解釈なら定年延長できないはずです。翌13日、松尾氏の答弁に反して、安倍首相は「法解釈を変更することにした」と答弁。これを受けて松尾氏は自身の答弁を「言い間違い」などと訂正。「解釈の変更」について、森法務大臣は、1月31日の閣議決定より前に「口頭で決裁」していたと答弁しました［p50］が、本当でしょうか。

このように右往左往し、もはや法治国家の体をなしていないと言ってよいでしょう。

なぜ、そこまでして定年を延長したのでしょうか。183ページへ続きます。

事例

自衛隊の中東派遣の閣議決定

2019年12月27日、安倍内閣は「日本関係船舶の安全確保に必要な情報収集活動を目的」として自衛隊を中東に派遣することを閣議決定しました。日本弁護士連合会やいくつかの弁護士会は、この閣議決定は**法律に基づいていない**、と指摘しています。

自衛隊に何ができるかは、「自衛隊法の定めるところによる」とされています（防衛省設置法5条）。しかしこの閣議決定は、自衛隊法を根拠とするのではなく、防衛省設置法の「調査及び研究」にあたるとして中東派遣を決定しています。これでは「調査及び研究」名目で自衛隊に何でもさせられることになってしまいかねず、自衛隊の活動に対する歯止めがなくなってしまいます。

事例

コロナウイルス禍で、法的根拠も閣議決定もなく、首相の独断で休校要請

２０２０年２月27日、安倍首相は、新型コロナウイルス感染症対策本部において、全国の小中高校、特別支援学校に３月２日から臨時休校を要請する考えを表明しました。これは、**法的根拠も閣議決定もなく**、首相の独断でした。休校するかどうか決める権限は各地域の教育委員会にあります。そこに法的根拠なく介入し、子どもの学習権（26条）が制約を受けました。

その後、３月13日に、新型インフルエンザ特措法を新型コロナウイルスにも適用できるようにする法改正がおこなわれ、緊急事態宣言下において都道府県知事が休校を要請できる法的根拠

が整ったのでした。法改正後の現在も、内閣総理大臣に権限はありません。

立法府は内閣？

以上のように、内閣が法律に基づかないで行政をする事例が続いています。立法府が国会ではなく内閣になってしまったかのようです。国会を開くかどうかが内閣の意向次第になったりもしています［p61］。

法律も内閣が作っているように見えることがありませんか？　法律を作る際は、まず内閣が法案を作り、国会でそれを審議する、という経過をたどるのが一般的です。国会は「唯一の」立法機関とされています（41条）が、内閣が法案を作ることは41条に反しないという解釈が通説です。

ただ、議院内閣制［p98］ですから、内閣総理大臣は国会で多数派を占める与党の国会議員から選ばれ、国務大臣の過半数も与党の国会議員です（67、68条）。このように与党＝内閣なら、内閣が国会に法案を提出すれば、国会では審議するまでもなく与党の賛成で可決するということが起こりえます。しかし、このような国会運営［p60］をすると、まるで内閣が法律を作っているかのようになってしまいます。法案を内閣が作るとしても、それを国会できちんと審議してこそ、国会は「唯一の立法機関」（41条）となるはずです。

私は講演で、いつも「法律を作るのはだれ（どこ）でしょう？」という質問を投げかけます。会場から、いろんな答えが返ってきます。「安倍首相」「内閣」「行政」「官僚」「国民」、はたまた「司法」「弁護士」という答えが返ってきたこともありました。立法府がどこなのか知らない方も結構いらっしゃるようです。内閣が立法をしていても何とも思わない方も多いかもしれません。

実は、安倍首相も「私は立法府の長」という発言を首相在任中に計4回もしています（2007年5月11日、2016年4月18日、2016年5月16日、2018年11月2日）。

これは、内閣が立法をしているかのような政治の動きを象徴する発言です。言うまでもなく、内閣総理大臣は行政府（内閣）の長であり、立法府の長ではありません。

日本国憲法　66条1項

内閣は、法律の定めるところにより、**その首長たる内閣総理大臣**及びその他の国務大臣でこれを組織する。

（2） 国会と内閣の関係──議院内閣制

立法権と行政権の関係について、日本国憲法では「**議院内閣制**」が採られています。議院内閣制では、**行政府＝内閣は、立法府＝国会（特に衆議院）の信任に依拠**して存在します。内閣は国会に対して連帯責任を負うという66条3項が、議院内閣制の中核となる規定です。衆議院は内閣不信任決議をすることができます［69条、p１－２］。

> **日本国憲法　66条3項〈議院内閣制〉**
> 内閣は、行政権の行使について、国会に対し連帯して責任を負ふ。

内閣総理大臣を選ぶのも国会です（67条）。**内閣総理大臣も、国務大臣の過半数も、国会議員**でなければなりません（67、68条1項）。

この議院内閣制の下、内閣の一体性を確保して国会に対する連帯責任を強化するため、**内閣総理大臣の権限**が強化されています。たとえば、内閣総理大臣は、任意に国務大臣を罷免することができます（68条2項）。「内閣を代表して議案を国会に提出し、一般国務及び外交関係について国会に報告し、並びに行政各部を指揮監督」する権限もあります（72条）。

さらに、内閣に議会の解散権があることを、議院内閣制の本質的要素とする見解もあります。

議院内閣制においては、内閣は国会の信任に依拠しているのですから、国会としては内閣が信任に値するかどうかチェックする必要があります。行政権が人権侵害をしないように、国民を代表する国会が民主的にコントロールしなければいけません。**民主主義**と**権力分立**、両方の観点から、憲法はさまざまな手段を用意しています。

a　大臣の国会への出席・説明義務

衆参各議院が、内閣総理大臣その他の国務大臣に、「国会に出てきて説明せよ」と求めることができるという規定があります。

日本国憲法　63条

内閣総理大臣その他の国務大臣は、両議院の一に議席を有すると有しないとにかかはらず、何時でも議案について発言するため議院に出席することができる。又、**答弁又は説明のため出席を求められたときは、出席しなければならない。**

63条には「出席しなければならない」としか書かれていませんが、ただ出席すればよいというものではなく、出席したうえで、さまざまな問題について答弁し説明する義務があると解釈されています（1975年6月5日、参議院法務委員会にて、吉國一郎内閣法制局長官の答弁）。

この規定は守られているでしょうか。見てみましょう。

事例

大臣が予算委員会を欠席

2013年6月24日と25日、安倍首相ほか閣僚は、参議院予算委員会への出席要求を拒否し、委員会を欠席しました。これは63条違反です。6月26日、これを糾弾する問責決議が可決しました（2013年7月の参院選まで、参議院では野党が多数でした）。

63条にも、違反した場合の法的なペナルティーは書かれていません。つまり、私たちが無関心でいれば、憲法違反がまかり通ってしまうということです。2013年6月の63条違反の直後、7月の参院選（96条改憲も争点でした）では、与党が多くの議席を得たのでした。

事例

安倍首相、閉会中審査を欠席

2017年7月10日、衆参両院の委員会で閉会中審査（臨時国会召集要求を無視した状態で国会閉会中）がおこなわれ、加計学園獣医学部新設について「総理のご意向」と記された内部文書の存在を証言した前川喜平・前文部科学事務次官が参考人招致されました。

野党は安倍首相の出席を求めましたが、安倍首相は外遊中であることを理由にこれを拒否。63条の「議院」には本会議だけでなく委員会も含まれますので、これも63条違反です。

２０２０年６月17日に通常国会が閉会［p65］した後の閉会中審査においても、野党からの出席要求にもかかわらず、安倍首相は出席を拒否したまま、８月28日に辞任を表明しました。

事例

「老後資金２０００万円必要」との報告書を受け取らず、回答拒否

２０１９年６月、「老後30年間で２０００万円の資金が必要」と試算した金融庁の報告書を、麻生太郎金融担当大臣は受け取り拒否しました。

野党議員がこれに関する政府の見解を質問すると、「政府としては、正式な報告書としては受け取らない」「当該報告書を前提にしたお尋ねについてお答えすることは差し控えたい」との答弁書を閣議決定しました。

都合の悪い報告書を受け取らないことで問題をなかったことにし、回答を拒絶するのは、63条に違反するといってよいでしょう。

事例

「お答えは差し控える」 大臣が答弁を拒否

国会で答弁に立つ大臣が「お答えを差し控える」などと述べて質問に答えない、という場面を最近よく目にします。これも63条違反です。

ジャーナリストの日下部智海氏によると、第２次安倍内閣以降、このような答弁拒否が急増しており、第２次安倍内閣が誕生した２０１２年12月26日から２０２０年６月17日までで、６５３２件の答弁拒否があったとのことです。

事例

大臣が出席や答弁を拒否できる改憲――自民党改憲草案

自民党改憲草案の63条では、現行63条の後ろに、「ただし、職務の遂行上特に必要がある場合は、この限りでない」と付け加えられています。つまり、何か理由をつければ国会への出席や説明を拒否できるような規定をわざわざ書き加えているのです。

b　国政調査権

国会（各議院）が、その職責を果たすために必要な情報を集める手段として、国政調査権があります。これも、議院内閣制の下で、国会が内閣をチェックする手段となります。

日本国憲法　62条〈国政調査権〉
両議院は、各々**国政に関する調査**を行ひ、これに関して、証人の出頭及び証言並びに記録の提出を要求することができる。

62条に「証人の出頭及び証言……」とあります。これが、いわゆる「証人喚問」です。証人喚問のあり方についてもさまざまな問題がありました。見てみましょう。

事例

森友学園問題での証人喚問

2017年と2018年に証人喚問がおこなわれた事件がありました。学校法人森友学園に対して国有地を8億円も値引きして売却していた問題、森友学園問題です。なぜ安くなったのか。不正はなかったのか。安倍昭恵首相夫人は籠池泰典理事長が開設を目指した小学校の名誉校長に就き、森友学園の経営する幼稚園で講演したこともあり、お友だち優遇ではないのか。安倍首相は「私や妻が関係していたということになれば総理大臣も国会議員も辞める」と発言しましたが、本当に関与していなかったのか。

野党は、籠池氏の証人喚問を求めました。証人喚問するかどうかは国政調査に必要かどうかで判断されるべきもので、公人か民間人かは問題ではないのですが、与党は「民間人の招致は慎重に」などと言って拒否していました。

ところが、籠池氏が「2015年9月5日に安倍昭恵氏を通じて安倍首相から100万円の寄付を受けた」と言いだしたところ、自民党は一転して籠池氏の喚問要求に応じました。その理由について、竹下亘自民党国対委員長は「首相に対する侮辱だから」と述べました。しかし、国政調査権は、「首相がけしからんことをやっていないか国会が調査する」というふうに使われるべきもので、「首相を侮辱するけしからん人を国会に呼びつけて吊るし上げる」というものではありません。

２０１７年３月23日に籠池氏の証人喚問がおこなわれ、籠池氏は、安倍昭恵氏から現金１００万円を受け取った旨を証言しました。

これを受けて、野党が安倍昭恵氏の証人喚問を求めましたが、与党は拒否。その理由について安倍首相は、国会で「籠池氏は補助金の不正受給について刑事罰を受ける可能性があったから証人喚問されたもので、妻は１００万円の寄付はしていないし、寄付があったとしても犯罪ではないから」という趣旨の答弁をしました。これも、国政調査権の趣旨を理解していない発言です。国政調査権に基づく証人喚問は、証人の刑事責任を追及する手続きではありません。むしろ逆で、自分が刑事訴追されるおそれがある場合には証言を拒むこともできます（議院証言法４条）。

それから１年経ち、国有地売却に関する公文書が改ざんされていたことが、２０１８年３月に発覚。これを受けて、２０１８年３月27日、佐川宣寿・前財務省理財局長の証人喚問がおこなわれました。佐川氏は、文書改ざんや国有地売却について政治家らの関与はないと断言しつつ、改ざんの経緯については「刑事訴追を受けるおそれがある」として何度も証言を拒否しました。

結局、よくわからないまま現在に至っています。

C 与党 VS 野党

行政府の長を国民が直接投票で選ぶ大統領制に比べて、議院内閣制では議会の多数派（与党）が内閣を構成するため、立法権と行政権の分立は緩やかです。分立というより融合だという指摘もあります。分立しているのは「国会VS内閣」というより、「与党（＝内閣）VS野党」というほうが実態に即しているとも言えます。

ですから、国会が内閣を民主的にコントロールする［p99］ときに重要なのは、主に野党が与党＝内閣をチェックすることです。時々「野党は反対ばかりでダメだ」という人を見かけますが、与党＝内閣が進めようとする政策や法案について、議論すべき問題点を野党が提示しなければ、国民も何が問題かわからないままになってしまいます。なお、実際には野党は「反対ばかり」しているわけではなく、野党も賛成して可決する法案等はかなりあります。

憲法は、野党がチェックするための手段をいろいろ用意しています。臨時国会の召集要求

（53条）、国政調査権（62条）、国務大臣の国会出席・説明義務（63条）などですが、すでに述べたとおり、うまく機能していません。前章でご紹介した特定秘密保護法や行政文書の改ざん・隠蔽も、野党によるチェック機能を骨抜きにしかねないものです。

もちろん、野党は問題点の指摘ばかりしていればいいというものではありません。政権担当能力を備えた野党が存在し、政権交代の可能性があれば、与党は政権を奪われないよう緊張感を持って国民のために政治をおこなうはずです。最近は、「一強」と言われるような状態で、そういう緊張感が失われているように思います。

事例

野党の質問時間の削減

国会では与野党の議員が質問をおこないますが、与党より野党に、多くの質問時間が配分されてきました。その理由は、①内閣が国会に法案を提出する場合、国会提出の前に、与党内ではすでに議論がされているはずであること、②与党議員が法案の問題点をえぐり出すような質問をすることは期待しにくいこと（与党が党議拘束をかけたりして与党議員が自由に反対票を投じられない場合は特に）、が挙げられます。

以前は質問時間の配分は与党4対野党6とされ、2009年に、民主党政権下で野党だった自民党の要求で与党2対野党8となりました。

しかし、2017年11月、自民党は与党5対野党5に変更したいと主張しました。野党の反発により、「1対2」「5対9」「3対7」といった形になりましたが、野党の質問時間は民主党政権時代より大きく減らされてしまいました。

d　議院内閣制と選挙制度

議院内閣制のあり方は、選挙制度とも関連しています。

二大政党が政権を奪い合う形になれば、有権者が選挙で選択した政党が内閣を構成するため、あたかも有権者が内閣や政策を選んでいるようになり好ましく、それに適合的な選挙制度は小選挙区制（選挙区から1人を選出）である、という意見があります。衆院選では

1994年に小選挙区制が導入され、それ以後政権交代が起こりました。しかし、最近は小選挙区制の下で二大政党どころか一強がさらに強くなっているような状況です。野党の問題、選挙制度の問題、有権者の問題……いろいろ考えられます。

これと反対に、選挙においては多様な民意をそのまま議席に反映させたうえで（それに最も適合的な選挙制度は比例代表制）、国会審議によって政策が決定されるべきだという考え方もあります。

具体的な選挙制度について、憲法は法律（公職選挙法）に委ねています。

日本国憲法　47条

選挙区、投票の方法その他両議院の議員の**選挙に関する事項**は、**法律でこれを定める。**

（3）衆議院の解散

解散とは、任期満了前に全議員の資格を失わせることです。衆議院議員の任期は4年です

（45条）が、任期満了前に解散がおこなわれるのが通例です。衆議院解散は、誰が、どんな場合におこなうのでしょうか。

よく新聞などで**「首相の専権事項」**という言葉を見かけますが、これは**間違い**です。

解散は天皇の国事行為とされています（7条3号）。**形式的には天皇**に解散権があります。

日本国憲法　7条〈天皇の国事行為〉

天皇は、**内閣の助言と承認**により、国民のために、左の**国事に関する行為**を行ふ。

三　**衆議院を解散**すること。

しかし、天皇は「国政に関する権能を有しない」とされています（4条）。解散するかどうか実質的に決めるのは誰なのかについては、日本国憲法には明文がありません。

一つの解釈は、天皇の国事行為は「内閣の助言と承認により」おこなう（3条、7条）とされており、内閣が「助言と承認」をする結果として、天皇の「解散する」という国事行為は形式的・儀礼的なものとなるのだから、解散を決める権限は内閣にある、という解釈です。

実際にも、この解釈に基づいて解散がおこなわれてきました。

この見解に対しては、天皇の国事行為は本来的に形式的・儀礼的なのであって、内閣の助言と承認によって形式的・儀礼的となるのではない、という異論があり、根拠規定を他の条項に求める見解も有力です。

このように根拠規定には争いがありますが、いずれにしても**実質的な解散権は内閣**にあると考えられており、合議体である内閣が閣議決定で解散を決めます。閣議決定は全員一致が慣行とされており、内閣総理大臣が1人で決めるわけではありません。ただ、内閣総理大臣は任意に国務大臣を罷免することができます〔68条2項、p98〕ので、異論を唱える大臣がいたら罷免したうえで閣議決定をすることができます。そのため、内閣総理大臣に解散権があるかのように見えるかもしれませんが、あくまで「内閣」に解散権があります。

どのような場合に解散できるのか。これに関する規定は、69条です。

日本国憲法　69条〈内閣不信任決議〉

内閣は、**衆議院で不信任の決議案を可決**し、又は**信任の決議案を否決**したときは、十日以内に衆議院が解散されない限り、総辞職をしなければならない。

議院内閣制の下、内閣は国会の信任に依拠して存在している(66条3項)のですから、国会(衆議院)は内閣が信任できないという決議ができ、これに対する内閣の対抗手段が衆議院解散権だ、というのが69条です。国会と内閣の意見が食い違っているなら、どちらが国民の支持を得ているのか、解散直後におこなわれる総選挙(54条1項)で決着をつけよう、という仕組みです。

ただ、国会の多数派が内閣を構成するわけですから、国会が内閣を不信任とすることは滅多に起こりません。69条以外の場合に解散することを憲法は禁じているのでしょうか。禁じていないとしても、全くの無制約でしょうか。解散してはいけない場合もあるでしょうか。本書でご紹介してきた2つの柱、「民主主義」「権力分立」から説き起こしてみましょう。

「民主主義」

解散後の総選挙によって、国政に民意を反映させることで、私たちの権利を守る。

「権力分立」

国会と内閣が権力を抑制しあうことで、権力の濫用を防ぎ、私たちの権利を守る。

いずれかの観点から、私たちの権利を守るために必要なら、69条の場合に限らず解散権を行使できる、ということになるでしょう。ただ、全く自由に解散してもよいのでしょうか。

権力は「自分のため」ではなく「みんなのため」に使わなければなりません［p20］。いつでも解散でき、いつ解散総選挙があるかわからない仕組みのほうが、国会議員はより民意に向き合って「みんなのため」に政治をするはずだ、という見解もあります。

しかし、内閣が「今、総選挙をやれば与党が有利」「国会で野党から追及されたら都合が悪い」などという理由で解散するのでは、「自分のため」の解散になってしまいます。そのような解散は憲法違反と考える見解が有力です。解散できるのは、総選挙で民意を問う必要がある場合（民主主義）、国会と内閣が対立している場合（権力分立）となるでしょう。

たとえば芦部信喜『憲法』では、「①衆議院で内閣の重要案件（法律案、予算等）が否決され、または審議未了となった場合、②政界再編成等により内閣の性格が基本的に変わった場合、③総選挙の争点でなかった新しい重大な政治的課題（立法、条約締結等）に対処する場合、④内閣が基本政策を根本的に変更する場合、⑤議員の任期満了時期が接近している場合、などに限られる」とされています。

相撲で「いつ場所を開くかを横綱が自由に決める」という仕組みで、横綱が「ライバルが怪我しているから今場所を開けば優勝できる」ということではフェアではありません。

事例

憲法に基づき召集された臨時国会冒頭で、衆議院を解散

2017年、憲法53条に基づく臨時国会の召集要求を3カ月以上放置したことを63ページで解説しました。3カ月以上経過した後、ようやく臨時国会が開かれましたが、その冒頭で内閣は衆議院を解散し、臨時国会は一瞬で終わってしまいました。憲法53条で「召集を決定しなければならない」とされている臨時国会ですから、開いた瞬間終わらせてはいけません。このような解散は、まさに解散権の濫用であり、憲法違反です。2017年は森友学園や加計学園の問

題が取りざたされていましたので、それらを国会で追及され、内閣が支持されなくなることを避けようとしたのではないでしょうか。

2014年11月の解散も「大義なき解散」といわれ、憲法違反の疑いのあるものでした。権力者が権力を濫用するときに、「今から濫用するぞ」とは決して言いません。何かもっともらしい理由をつけてくるものです。安倍首相は、2014年は「アベノミクス解散」、2017年は「国難突破解散」(消費税や北朝鮮問題)と称していました。解散権を適切に使ってもらうためには、権力者の言葉を鵜呑みにせず、何が本当かはそれぞれ自分の頭で考え、おかしいと思ったら、直後の総選挙で投票行動に結びつけることが大切です。違憲の解散がなされても、裁判所が違憲判決を出すわけではありません[p139]。

(4) 行政権内部の権力分立——「政」と「官」の関係

憲法は、内閣の下で行政を分業でおこなう官僚機構の存在を想定しています。「行政各部」「主任の国務大臣」や、「官吏」「公務員」といった言葉に表れています。

日本国憲法　72条

内閣総理大臣は、内閣を代表して議案を国会に提出し、一般国務及び外交関係について国会に報告し、並びに**行政各部**を指揮監督する。

日本国憲法　73条

内閣は、他の一般行政事務の外、左の事務を行ふ。

四　法律の定める基準に従ひ、**官吏**に関する事務を掌理すること。

日本国憲法　74条

法律及び政令には、すべて**主任の国務大臣**が署名し、内閣総理大臣が連署することを必要とする。

内閣と官僚の関係（政官関係）について、憲法はどのように考えているでしょうか。憲法が定める民主的手続きで選ばれる「政」が決めた政策を「官」が実行する、という形を憲法は想定しているはずです。

ただし、次のような指摘があります。「行政府の最高機関に過ぎない内閣が、政治の論理あるいは効率性の論理によって、官僚機構の体現する専門性の論理あるいは継続性の論理を一方的に蹂躙するような場合には、憲法（15条2項、72条、73条1号・4号）の要求する行政府内の権力分立を侵すものとして違憲の評価を受ける場合もありうると考えられる」（山本龍彦「政官関係と司法についての覚書―公務員制の憲法的再定位」『判例時報2372号』。駒村圭吾・待鳥聡史編『統治のデザイン―日本の「憲法改正」を考えるために』p214～、横大道聡執筆も参照）。

大臣がウソの答弁をしたら官僚がそれに合わせて公文書を改ざんするとか、大臣の悪事をうまく取り繕った官僚は出世できる、などという政官関係を憲法は求めていません。「すべて公務員は、全体の奉仕者であつて、一部の奉仕者ではない」（15条）のですから、官僚は、特定の政治家の私利私欲のためではなく、究極的には国民のために仕事をしなければなりません。

立憲主義や法の支配についてわきまえのない政治と、2014年の「内閣人事局」設置をはじめとする公務員制度改革が相まって、政官関係も憲法の想定していない方向へ行っていないでしょうか。

2 裁判所と国会・内閣の関係

(1) 裁判所の違憲審査権

政治権力(立法権・行政権)が私たちの権利を侵すとき、違憲審査権を持つ裁判所に救済を求めることができます(32条、裁判を受ける権利)。

国民の多数が選んだ政治権力が、最高法規である憲法に反することをしていないか、三権分立の中の司法権がチェックします。これが「**違憲審査権**」です(81条)。これにより、政治の世界では多数決で負けてしまう少数派の基本的人権が守られます。

ただ、政治権力などから圧力を加えられたら、政治権力をチェックできなくなってしまいます。そのため、裁判官が誰からも口を出されずに、憲法と法律に基づき、自分の正義感に従って裁判できるよう、**司法権の独立**が強化されています。

（2）裁判官の任命 vs司法権の独立

裁判官は、「内閣でこれを任命する」とされています（79条1項、80条1項）。最高裁長官は内閣の指名に基づき天皇が任命します（6条2項）。

> **日本国憲法　79条1項**
>
> 最高裁判所は、その長たる裁判官及び法律の定める員数のその他の裁判官でこれを構成し、その長たる裁判官以外の裁判官は、**内閣でこれを任命**する。

この規定だけ見ると、内閣が自由に気に入った人を任命できるように見えますが、内閣が任命権を使って裁判所をコントロールするのでは、司法権の独立が骨抜きになりかねません。最高裁判事の任命については、次のような慣行が確立されてきました。

最高裁判事は裁判官だけから選ばれるのではなく、出身分野ごとに以下のような割り振りとされてきました。

裁判官出身　6名　弁護士出身　4名　検察官出身　2名

行政官出身　2名　法学者出身　1名　計15名

そして、裁判官、弁護士、検察官については、最高裁長官が複数候補者を提示し、その中から任命するのが慣行とされてきました。最高裁へは、弁護士の候補者は日本弁護士連合会が、検察官の候補者は法務省が、それぞれ推薦します。

ただ、こういった慣行だけでは、内閣の政治的な思惑で恣意的な任命がなされないような法的枠組みが不十分ではないか、という指摘もあります。特に、長期政権が続くと、そういう心配が強まります。2012年12月以降続いた安倍政権下では、2019年3月以降、15人の最高裁判事全員が、安倍内閣の任命（長官は指名）となりました。

事例

学者の山口厚氏が、弁護士枠から最高裁判事に任官

2017年3月、弁護士出身の大橋正春最高裁判事が定年退官しました。慣行どおりなら、弁護士の中から後任が任命されるところでしたが、任命されたのは刑法学者の山口厚早稲田大学大学院法務研究科教授でした。山口教授はその前年に弁護士登録をされているので、形式上は弁護士ではありますが、長年東大教授を務められた高名な学者です。しかも、日本弁護士連合会から最高裁に出された推薦名簿の中には、山口氏の名前はなかったようです。

事実上、弁護士枠が1つ減ってしまっています。弁護士出身の判事は憲法問題について違憲の方向の意見を述べることが多いから、内閣の意向で減らされた、というようなことであれば、司法権の独立の観点から問題があるように思います。

事例

加計学園の役員が最高裁の判事に

森友学園問題と並ぶ「お友だち優遇」疑惑の問題に、加計学園獣医学部の問題があります[p48]。2017年から話題になり始めましたが、2018年7月には、加計学園の役員をしていた木澤克之弁護士が最高裁判事に任命されています。

最高裁判所のホームページに、

「平成25年　学校法人加計学園監事
平成28年7月19日　最高裁判所判事」

という経歴が掲載されています。

私の講演でこの事実をご紹介すると、会場から「ええーっ!」と声が上がることがよくあります。知ればびっくりするのに知らない、という方が多いです。

最高裁判事の国民審査

衆院選で投票に行くと、投票用紙だけでなく、最高裁判事の名前が書かれた紙も渡されますね。クビにしたい裁判官がいたら×をつけることができます。

日本国憲法　79条2項〈最高裁判事の国民審査〉

最高裁判所の裁判官の任命は、その任命後初めて行はれる衆議院議員総選挙の際**国民の審査**に付し、その後十年を経過した後初めて行はれる衆議院議員総選挙の際更に審査に付し、その後も同様とする。

前述した2人の最高裁判事についた×はというと、他の裁判官とだいたい同じくらいでした。つまり、みんな知らない、ということです。加計学園役員だった木澤裁判官の経歴については、国民審査の際の「審査公報」に書かれておらず、あまり報道もされていなかったように思います。衆院選では、国民審査に関心をもつこと、そのためには報道の役割が重要です。

（3）裁判官の懲戒処分vs司法権の独立

ところで、「司法権の独立」［p120］は、①立法権や行政権から独立している（**司法府の独立**）だけでなく、②個々の裁判官が裁判をするにあたって独立して職権を行使すること（**裁判官の職権行使の独立**、76条3項）に核心があります。裁判官が独立して職務をおこなえるよう、憲法で裁判官の身分保障をしています。

日本国憲法　76条3項〈裁判官の職権行使の独立〉
すべて裁判官は、その良心に従ひ独立してその職権を行ひ、この憲法及び法律にのみ拘束される。

日本国憲法　78条〈裁判官の身分保障〉
裁判官は、裁判により、心身の故障のために職務を執ることができないと決定された場合を除いては、公の弾劾によらなければ罷免されない。裁判官の懲戒処分は、行政機関がこれを行ふことはできない。

裁判官の懲戒処分は行政機関がおこなうことはできません（78条後段）。司法権独立の観点から、裁判官の懲戒処分は、裁判所自身がおこないます。

事例

岡口基一裁判官への懲戒処分

最近、最高裁が裁判官の懲戒処分をおこなった事例があります。さまざまな憲法上の論点を含んでいるのでご紹介します。

Facebook や Twitter で積極的に情報を発信しておられる岡口基一裁判官は、Twitter の実名アカウントで次のようなツイートをしました。

「公園に放置されていた犬を保護し育てていたら、3か月くらい経って、もとの飼い主が名乗り出てきて、『返してください』

え？　あなた？　この犬を捨てたんでしょ？　3か月も放置しておきながら……

裁判の結果は……」

という文章と、犬の返還請求に関する東京高裁判決のインターネット記事のURLの投稿です。

東京高裁は2018年7月24日、岡口裁判官がこのツイートにより「当事者の感情を傷付けた」という理由で最高裁に懲戒を申し立てました。最高裁は、2018年10月17日、「品位を辱める行状」に該当するとして、岡口裁判官を戒告処分としました。

裁判官の職権行使の独立は、裁判所内部においても当てはまります。裁判官は、裁判所当局や他の裁判官の意向に影響されず、独立して職務をおこなわなければなりません。しかし、「感情を傷付けた」という理由で懲戒処分ができるとなると、裁判官はどんなことで懲戒処分を受けるかわからなくなり、仕事をするうえで最高裁の機嫌を損ねないよう忖度するようにならないでしょうか。

私生活でも誰の感情も傷付けてはいけないとなると、物が言えなくなってしまい、表現行為（21条）が萎縮してしまいかねません。

さらに続きがあります。今度は国会です。このツイートによって岡口裁判官を罷免する「弾劾裁判所」にかけるかどうか、国会議員で構成される裁判官訴追委員会が動き出しました。詳しくは次項に続きます。

（4）弾劾裁判vs司法権の独立

憲法78条［p125］で、裁判官が罷免されるのは、

① 心身の故障のため職務をおこなえない場合（↓分限裁判により罷免）
② 「公の弾劾」による場合（↓弾劾裁判により罷免）

だけとされています（司法権独立の要請）。弾劾裁判については64条が定めています。

日本国憲法　64条〈弾劾裁判所〉

1　国会は、罷免の訴追を受けた裁判官を裁判するため、両議院の議員で組織する**弾劾裁判所**を設ける。

2　弾劾に関する事項は、法律でこれを定める。

罷免事由は、憲法64条2項を受けて法律に書かれており、①職務上の義務に著しく違反し、又は職務を甚だしく怠ったとき」または「その他職務の内外を問わず、裁判官としての威信を著しく失うべき非行があったとき」とされています（裁判官弾劾法2条）。過去に弾劾裁判で罷免されたのは、児童買春、ストーカー、盗撮などで刑事事件として起訴され有罪となったような事例ばかりです。

事例

岡口裁判官への弾劾裁判

前述の岡口裁判官のツイートはどうでしょうか。名誉毀損などに該当するものではなく、違法行為ではありませんので、弾劾事由に該当するとは考えられません。

しかし、最高裁による戒告処分決定の後、国会議員で構成される裁判官訴追委員会は、2019年3月4日に岡口裁判官から事情聴取をおこないました。そして、弾劾裁判所に訴追するかどうかを2019年6月25日にも最終判断する、と報道されました。が、現在まで結論は出されていません。

国会議員が裁判官を呼びつけて罷免をちらつかせるようなことが簡単におこなわれると、裁判官は、国会議員の機嫌を損ねる判決（違憲判決など）を出しづらくなるかもしれません。

このように、司法権の独立、裁判官の表現の自由など憲法上の論点を含む事件です。この事件の詳細は、岡口基一著『最高裁に告ぐ』（岩波書店）に詳しく書かれていますので、ご一読ください。この事件に関する各地の弁護士会の意見もインターネット上で読むことができます。

その後、２０２０年8月26日、最高裁は岡口裁判官に2回目の戒告処分を下しました。Facebookの投稿で、強盗殺人・強盗強姦未遂事件の「遺族を侮辱した」という理由です。裁判所ホームページで、年月日で判例検索すると全文を読むことができます。

（5）検察権の独立

犯罪をした疑いのある人を刑事裁判にかける（起訴する）権限を持っているのは、検察官です。犯罪をしても、検察官が起訴しなければ裁判が始まりません。

犯罪をしたのが政治家であれば、政治権力におもねらず、捜査・起訴することが求められます。検察は行政権ですが、司法権を発動させるかどうかの決定権を独占しているため、準司法的な権力を持っているということができます。ですから、「司法権の独立」と同じように、検察権力も政治権力から独立していなければ、職責を果たすことができません。

事例

検察庁法の改正——検察官の定年が内閣の意向次第に?

２０２０年１月に、東京高検の黒川検事長の定年が、法を曲げる閣議決定で延長されたことを93ページでご紹介しました。この閣議決定の後、２０２０年３月に、内閣は検察庁法の定年に関する規定を改正しようという法案を国会に提出しました。

法改正をしたうえで、法律に基づいて行政をしなければいけませんので、閣議決定と法案提出の順番が逆です。

それだけではありません。法案の内容に問題がありました。時の内閣の意向で、個々の検察官の定年を延長したりしなかったりできる内容だったのです。定年が延長されれば、長く勤務できるだけでなく、さらに上のポストに昇進が可能になったりします。これが内閣の意向で決まるなら、検察官は、時の内閣の意向に沿うような仕事の仕方をするようになるかもしれません。検察権の独立を侵し、三権のバランスを壊す動きだったということができます。

この法改正については、全国すべての弁護士会が批判する声明を出したほか、Twitter などで反対の世論が盛り上がり、採決が見送られ、結局廃案となりました。権力分立のブレーキを壊す動きを、民主主義のブレーキが食い止めたということになります。

ただ、定年延長を可能とする閣議決定は撤回されておらず、今後も同じことが起きる心配は残っています。

黒川検事長は、賭け麻雀問題で5月22日に辞職しましたが、本来は2月7日で定年退職するはずだったのであり、2月8日～5月22日のあいだ、法律に反して検事長の職にあり続けた事実は消えません。

(6) 恩赦 vs 司法権の独立

「恩赦」は犯罪者を赦免する制度で、皇室の慶事などの際におこなわれることがあります。憲法に規定があり、内閣が「大赦、特赦、減刑、刑の執行の免除及び復権を決定する」とされています(73条7号)。

これは、裁判所が法律を適用して判断した結果を内閣が変更するもので、権力分立の例外です。原則を骨抜きにせず、人権尊重の目的にかなうような運用が求められます。

事例

天皇即位にあわせて恩赦

２０１９年(令和元年)10月22日の「即位礼正殿の儀」に合わせて、約55万人に「恩赦」が実施されました。罰金刑を受け終わり3年間再び処罰されていない者に「復権」(刑に処せられたため生じた資格の制限をなくす)、一定の基準に該当する者に「刑の執行の免除」「復権」がおこなわれました。以前と比べると限定的になったようですが、運用のあり方や制度そのものに議論があるところです。

(7) 違憲判決はなぜ出ないのか

さまざまな憲法違反が起こっていることをご紹介してきましたが、裁判所で違憲判決が出た、という話をあまり聞きませんね。なぜでしょうか。違憲審査の仕組みは次のようになっています。

付随的違憲審査制

裁判所には違憲審査権がありますが、憲法違反の出来事があっても、裁判所はすぐに違憲判決を出すわけではありません。

日本国憲法では、憲法違反の法律や行政によって誰かの人権が侵害されてはじめて、その人が裁判所に憲法判断を求めることができる仕組みになっています。人権侵害を受けた人を救うために、それに付随して違憲判決を下すので、**「付随的違憲審査制」**と呼ばれています。

国によっては、「憲法裁判所」という特別な裁判所が、具体的な争訟とは無関係に、「〇〇法は違憲」といった判断をする方式（**抽象的違憲審査制**）もあります。

日本国憲法がどちらを採用しているかについて明文はありませんが、①違憲審査権を定める憲法81条は「第六章

檻の中のライオン グッズ 販売中

憲法条文クリアファイル ¥200

☆A3を2つ折りで A4、内側にダブルポケットつき
☆憲法全条文（補則除く）と書籍イラストを掲載
☆条文のキーワードが太字で読みやすい
☆条文に書かれていないキーワード（「議院内閣制」など）を補足

缶バッジ小 (3.2 ㎝) 各 ¥100
缶バッジ大 (7.6 ㎝) 各 ¥200

「檻の中のライオン」表紙イラスト
「不断の努力」文字・イラスト

Tシャツ（9色）各¥2,000

〈サイズ〉S・M・L・XL
（男女兼用、女性は小さめを）
〈色〉白・グレー・ピンク・赤・紫・緑・水色・紺・黒（XLは白のみ）
〈綿100%〉

※紙芝居のみ、かもがわ出版HPよりご注文ください。

紙芝居 ¥2,700

☆B4、25枚セット
読むだけであなたも憲法講師に！

■価格はすべて税込みです

ご注文はこちらから

檻の中のライオン 注文フォーム　検索

ひろしま市民法律事務所　☎082-511-0350　FAX082-221-8101
送料：一律300円　（1万円以上お買い上げなら無料）

司法」の章に置かれており、司法とは「具体的な争訟について法を適用し宣言することによってこれを裁定する国家作用」と言われていること、②憲法裁判所に関する規定がないことから、**付随的違憲審査制を採用している**と解するのが通説で、最高裁判例もそのように解しています。

警察予備隊(自衛隊の前身)違憲訴訟最高裁判決(昭和27年10月8日)

わが現行の制度の下においては、特定の者の具体的な法律関係につき紛争の存する場合においてのみ裁判所にその判断を求めることができるのであり、裁判所がかような具体的事件を離れて抽象的に法律命令等の合憲性を判断する権限を有するとの見解には、憲法上及び法令上何等の根拠も存しない。

統治行為論

高度に政治的な問題については、政治家の判断（さらには主権者国民の判断）に任せ、裁判所は身を引いて、憲法判断を避けるべき（合憲とも違憲とも判断しない）という考え方があります。これを「統治行為論」といいます。

自衛隊や安全保障などに関することについては、高度に政治的であるとして、裁判所が憲法判断を避けることがあります。

これをふまえて、最近の違憲訴訟を見てみましょう。

a　安保法制違憲訴訟

安保法制［p150］の違憲訴訟は、全国各地で提起されています。付随的違憲審査制［p134］ですから、「安保法制は違憲であるとの判決を求める」という訴訟は不適法です。「自分の権利が侵された」といった形でなければいけません。次のような形で提起されています。

・安保法制に基づく自衛隊出動の差し止め請求

・安保法制によって、原告の平和的生存権(前文)、人格権(13条)、憲法改正権(96条)が侵害され、精神的苦痛を受けたとして国に慰謝料を請求(国家賠償請求)

いくつかの地裁で判決が出ていますが、いずれも原告敗訴で、安保法制について合憲とも違憲とも判断されていません。全国すべての弁護士会が「憲法違反」と指摘していても、裁判所で違憲判決をもらうのは簡単ではないのです。

たとえば、集団的自衛権の行使として自衛隊が海外に派遣され、自衛官に死傷者が出た場合に、亡くなった方の遺族や負傷者が国家賠償請求訴訟を提起すれば、裁判所が正面から憲法判断するかもしれません。そんなふうにコトが起きた後でなければ憲法判断をしないのが付随的違憲審査制です。

b 特定秘密保護法違憲訴訟

特定秘密保護法[p43]については、弁護士が「弁護権を侵害される」、ジャーナリストらが「取材が困難になった」といった形で違憲訴訟を提起しましたが、いずれも敗訴となり、合憲か違憲かも判断されませんでした。付随的違憲審査制であるため、被害や心配事を抽象的に指摘するだけでは憲法判断はされないのです。

c 臨時国会を召集しない憲法53条違反の違憲訴訟

2017年、憲法53条に違反して3カ月以上臨時国会が開かれなかった事件を63ページでご紹介しました。これについて臨時国会の召集を要求した議員が、臨時国会が開かれなかったため議員として活動する機会を奪われた、として国に慰謝料請求する違憲訴訟が各地で提起されており、2020年6月10日に那覇地裁で判決が出ました。判決のポイントを箇条書きにしてみます。

・臨時国会の召集は、単なる政治的義務ではなく法的義務である。
・召集の要求がなされてから合理的期間内に召集する義務がある。
・召集するかしないかについて、内閣の裁量の余地は極めて乏しい。
・召集時期についても、内閣の裁量は大きいものではない。
・高度に政治的ゆえ司法審査の対象外（統治行為論）という見解は採らない。
・内閣が召集しない場合は、少数派の国会議員の意見を国会に反映させるという憲法53条の趣旨が没却され、議院内閣制における国会と内閣の均衡・抑制関係ないし協同関係が損なわれる。

・したがって、裁判所が合憲・違憲を判断できるし、その必要性は高い。

・しかし、臨時国会を開くことは、個々の国会議員の個人的利益（私益）ではなく、国民全体の利益（公益）であるから、仮に違憲であったとしても個々の議員の慰謝料請求は認められない。

このように、原告敗訴となり、原告の請求との関係で合憲か違憲かを判断する必要がない、という判決です。これも付随的違憲審査制だからです。

ただ、一般論としては「内閣はちゃんと召集しないとダメ」と指摘しています。

d 衆議院解散に対する司法審査

2017年の臨時国会は、開かれた瞬間、衆議院解散で終わってしまいました。この解散は憲法違反と言わざるを得ません［p114］が、裁判所は違憲判決を出さないのでしょうか。

衆議院解散が憲法違反かを裁判所が判断するかについては、最高裁判例があります。

1952年の解散で衆議院議員の地位を失った方が、解散は違憲で無効だとして、議員の地位にあることの確認や、議員の給料（歳費）を国に請求した訴訟で、最高裁大法廷判決（昭和35年6月8日）は次のように述べています。

「**直接国家統治の基本に関する高度に政治性のある国家行為**のごときはたとえそれが法律上の争訟となり、これに対する有効無効の判断が法律上可能である場合であっても、かかる国家行為は**裁判所の審査権の外**にあり、その判断は主権者たる国民に対して政治的責任を負うところの政府、国会等の政治部門の判断に委され、**最終的には国民の政治判断**に委ねられているものと解すべきである」「衆議院の解散は、極めて政治性の高い国家統治の基本に関する行為であって、……司法裁判所の権限の外にあり……」

要するに、衆議院解散は高度に政治的なので、裁判所は合憲とも違憲とも判断しない、という判決です。これを「統治行為論」［p136］といいます。

このように、違憲判決という「権力分立のブレーキ」は効かないのです。ということは、残るは「民主主義のブレーキ」だけです。この解散は変じゃない？、と声を上げたり、解散直後の総選挙で投票行動をしたりしないと、内閣は解散権を濫用し放題になってしまいます。この最高裁判例も、裁判所は憲法判断をしないから内閣は好き勝手に解散してよい、と言っているのではありません。「最終的には国民の政治判断に委ねられている」と述べています。

2017年の臨時国会不召集も衆議院解散も憲法違反と言わざるを得ませんし、2014年の解散も、なぜ今解散するのかわからない、と指摘される、違憲の疑いのある解散でした。しかし、いずれも、総選挙で与党が3分の2もの議席を得る選挙結果でした。「権力分立」「民主主義」いずれのブレーキも効かず、違憲の解散がまかり通っています。

(8) 内閣法制局の役割

以上のとおり、付随的違憲審査制であることや統治行為論などにより、違憲判決は簡単に出るわけではありません。違憲判決が出るとしても、訴訟が起きて違憲判決が出るまでには年月がかかり、それまでに憲法違反の既成事実が積み重なってしまいます。その後に違憲判決が出ると、法的安定性が損なわれます。

そのため、法案の提出や審議の段階で、合憲性をきちんと検討しておかなければなりません。その役割を担うのが内閣法制局です。内閣が提出する法案が憲法に違反していないかどうか、といった法的チェックなどをおこなう法律専門家集団です。憲法には書かれておらず、内閣法制局設置法という法律に基づいています。

日本国憲法下で違憲判決はわずかしかありませんが、その理由には内閣法制局による事前チェックの仕組みが機能してきたことも挙げられます。

歴代政権は、内閣法制局の専門的判断を尊重してきました。たとえば、内閣法制局は「集団的自衛権は違憲だからダメ」と長年一貫して述べ、歴代政権はそれを尊重してきたのです。

しかし、安倍政権は、2015年、集団的自衛権を容認する安全保障関連法制を成立させてしまいました［p150］。内閣法制局はダメと言っていたのに、どのようなやり方をしたのでしょうか。

事例

異例の内閣法制局長官人事

憲法96条改正［p29］が争点となった2013年7月21日の参院選直後の8月8日、内閣法制局長官が交代しました。山本庸幸長官が最高裁判事に任命されて退任し、代わって、内閣法制局で一度も仕事をしたことのない、駐フランス全権大使であった小松一郎氏が、内閣法制局長官に就任したのです。それまでは、内閣法制局の内部で昇格する人事が慣行となっていました。なぜそのような異例の人事をおこなったのでしょうか。

小松長官は、就任直後、「集団的自衛権の行使は現行憲法上許されない」という、それまでの内閣法制局の一貫した見解を見直す考えを明らかにしました。

一方、内閣法制局長官を退いた山本庸幸氏は、最高裁判事就任に際して「憲法解釈を変更して集団的自衛権の行使を容認するのは難しく、それには憲法改正が適切だ」という異例の発言をしました。

つまり、集団的自衛権をやりたくて、それを許してくれるような人を探して、遠くフランスにいた人を内閣法制局長官に任命したわけです。このような人事をやってよかったのでしょうか。たしかに人事権は内閣にあり、この人事自体を違憲とか違法とか言うことは難しいと思います。しかし、恣意的に人事権を使うことで憲法の縛りから抜けだそうとする、つまりライオンが檻から出ようとする「非立憲的」な動きだったと言うことができます。

これ以後、内閣法制局は、果たすべき役割を果たさなくなっていないでしょうか。2015年9月15日、中央公聴会で、元最高裁判事の濱田邦夫弁護士が「今は亡き内閣法制局」と評したこともありました。

3 「国」と「地方」の分立

権力分立は「三権分立」だけではありません。「国」と「地方」という分立もあります。

日本国憲法　92条
地方公共団体の組織及び運営に関する事項は、**地方自治の本旨**に基いて、法律でこれを定める。

地方自治も「民主主義」と「権力分立」で成り立っています。92条の「地方自治の本旨」とは、次の2つの意味だと言われています。

①**住民自治**……地方自治が住民の意思に基づいておこなわれる（民主主義）
②**団体自治**……地方自治が国から独立した団体に委ねられ、団体自らの意思と責任の下でなされることで、中央の統一権力の強大化を抑える（権力分立）

事例

米軍普天間飛行場の辺野古への移設

沖縄県の普天間基地の移設問題を、憲法の観点から考えてみましょう。

まず、米軍基地は憲法9条で禁じられた「戦力」ではないか、米軍の駐留を認める日米安全保障条約は憲法9条に違反するのではないか、が問題です。これについて争われた「砂川事件」最高裁判決は、統治行為論［p-36］で合憲とも違憲とも判断しない、というものでした。

米軍基地自体が違憲ではないとしても、普天間飛行場の辺野古移設について、憲法上の問題はないのでしょうか。木村草太・東京都立大学教授は、大要次のように主張されています。

米軍基地設置は、その自治体の自治権を制限するものである（日米地位協定）ため、「地方公共団体の組織及び運営に関する事項」であり、「法律でこれを定める」ことが必要である（92条）。この法律は「一の地方公共団体のみに適用される特別法」（95条）となるので、住民投票で過半数の同意を得たうえで制定しなければならない。たとえば「辺野古基地設置法」といった法律を、沖縄県と名護市の住民投票を経て制定したうえで、基地移設を進めなければならない（木村草太「中央と地方の相剋——沖縄の観点から」全国憲法研究会編『憲

法問題［31］』三省堂、p80、橋下徹・木村草太『憲法問答』徳間書店、p124)。

日本国憲法　95条
一の地方公共団体のみに適用される特別法は、法律の定めるところにより、その地方公共団体の住民の投票においてその過半数の同意を得なければ、国会は、これを制定することができない。

95条は、**団体自治（権力分立）**の観点から、①国の特別法による地方自治権の侵害防止、②地方公共団体の個性の尊重、③地方公共団体の平等権の尊重、**住民自治（民主主義）**の観点から、④地方行政における民意の尊重、という趣旨で、①が中心と言われています。

翁長雄志沖縄県知事による埋立承認取消が違法だとして国が翁長知事を訴えた訴訟で、翁長知事も木村教授と同じ主張をしました。しかし、福岡高裁那覇支部（平成28年9月16日）も最高裁（同年12月13日）もこの主張を退け、国が勝訴しました。

その後、2017年に米軍普天間飛行場の辺野古移設工事が始まり、翌年12月14日に辺野古沿岸部への土砂投入が始まりました。

2019年2月24日、辺野古米軍基地建設のための埋立ての賛否を問う沖縄県民投票がおこなわれ、「反対」72・15%、「賛成」19・1%、「どちらでもない」8・75%という結果でした。反対が圧倒的多数でしたが、その後もお構いなしに工事が進められています。95条の趣旨①～④からすると実施された県民投票の結果は尊重すべきではないか、という言い方はできるでしょう。各地の弁護士会もこのような意見を表明しています。

基地問題について、裁判所が政治の動きにブレーキをかける結果とはなっていません。しかし、裁判所も、政治家が好き勝手に決めたらよいと言っているわけではありません。砂川事件最高裁判決は、「終局的には主権を有する国民の政治的批判に委ねられるべきもの」と述べています。「権力分立のブレーキ」は効かなくても、私たちが「民主主義のブレーキ」を効かせるのかどうかは、全国民がこの問題に関心を持つかどうかにかかっています。

ここまで見てきたとおり、「民主主義」だけでなく「権力分立」のブレーキも壊れているように思われます。2つのブレーキが両方壊れるとどうなるのか、次章以降で見ていきます。

4

法の支配と人の支配
平和主義編

1　9条は守られている？——安全保障関連法制

立憲主義に反する（ライオンが檻を壊す）動きに対しては、「民主主義」「権力分立」という2つのブレーキが作動するはずだ、と日本国憲法は想定しています。

しかし、第2章では「民主主義」が、第3章では「権力分立」が、それぞれ壊れているようでした。第1章では「天賦人権」「個人の尊重」「立憲主義」「最高法規＝硬性憲法」といった憲法の基本的な考え方が否定されているようでした。

「立憲主義」「法の支配」が壊れると、私たちは何を失うのでしょうか。

国家権力を憲法で縛ることで、私たちの何が守られているのでしょうか。

それは「平和」と「自由」です。本章で平和主義、次章で基本的人権を見ていきます。

(1) 改憲せずに集団的自衛権行使を容認

立憲主義は、異なる価値観が共存するための仕組みです［p17］から、政治的立場の違いを超えて共有しなければなりません。

右とか左とかいう話になりがちな9条についても、「軍事力も憲法の枠内で行使する」「軍事力が濫用されないように憲法でコントロールしなければならない」という立憲主義の考え方は、立場を超えて共有しなければなりません。

「現行憲法は集団的自衛権の行使を許していない。これを実現するには改憲が必要」――これが、長年にわたり、**立場を超えて共有してきたルール**でした。

しかし、それが壊されてしまいました。**改憲しないまま**、集団的自衛権行使を容認する法律が作られたのです。

2014年7月1日、憲法9条に反するとされてきた集団的自衛権行使について、「解釈を変更」して容認するという閣議決定がおこなわれました。96条の改憲手続き（国会の発議と国民投票）によらなければできないことを、一内閣が、閣議決定で勝手に決めてしまったのです。2013年に内閣法制局長官について異例の人事がおこなわれた［p143］ところからの一連の流れです。

その後、2014年12月の衆院選で与党が大勝。憲法違反の動きに対して「民主主義のブレーキ」は効きませんでした。この衆院選前に、自民党がテレビ局への要請をおこない、選挙に関する放送が大きく減ったということもありました［p56］。

翌2015年から、集団的自衛権行使を含む安全保障関連法案の審議が始まり、9月19日に成立。このころ内閣支持率は大きく下がりましたが、しばらくすると回復していき、翌2016年7月の参院選では与党が大勝しました。

安保関連法制については、日本弁護士連合会や全国すべての弁護士会が「憲法違反で許されない」との決議や声明を発表し、ほとんどの憲法学者も違憲だと指摘しています。しかし、「民主主義のブレーキ」「権力分立のブレーキ」どちらも効かず、憲法違反がまかり通ってしまっています。

日本国憲法　9条

1　日本国民は、正義と秩序を基調とする国際平和を誠実に希求し、国権の発動たる戦争と、武力による威嚇又は武力の行使は、国際紛争を解決する手段としては、永久にこれを放棄する。

2　前項の目的を達するため、陸海空軍その他の戦力は、これを保持しない。国の交戦権は、これを認めない。

「個別的自衛権」「集団的自衛権」に関する政府解釈

従来（2014年まで）の政府解釈は、大まかにいうと次のようなものでした。

憲法9条2項は「戦力」「交戦権」を否定し、軍事的なことを一切禁じているようにも見えます。しかし、日本が攻められたときに何もできないのでは「平和のうちに生存する権利」（憲法前文）や幸福追求権（13条）を守れません。そこで、**日本が攻められたときに日本を守る「個別的自衛権」**の行使は「交戦権」にあたらず、そのための実力組織（自衛隊）は「戦力」にあたりません。

その裏返しで、日本が攻められていない場合には自衛権行使は許されません。ですから、**日本が攻められていないのに、外国が攻められたときにその国を守りに行く「集団的自衛権」**の行使は憲法上許されません。

これが、「自衛隊」が創設された1954年から60年にわたり、一貫して確立してきた政府解釈でした。「自衛隊は合憲」と「集団的自衛権行使は違憲」は表裏一体で、集団的自衛権行使が違憲だからこそ、自衛隊は合憲という説明が可能だったのです。

この確立した憲法解釈が、一政権の判断で覆されました。

① わが国に対する武力攻撃が発生したこと、又は**我が国と密接な関係にある他国に対する武力攻撃が発生し、これにより我が国の存立が脅かされ、国民の生命、自由及び幸福追求の権利が根底から覆される明白な危険があること（太字部分=存立危機事態）**

② これを排除し、我が国の存立を全うし、国民を守るために他に適当な手段がないこと

③ 必要最小限度の実力行使にとどまるべきこと

個別的自衛権が行使できる「3要件」に**太字部分が加えられたこの「新三要件」を満たす場合には、集団的自衛権を行使できる**ことになりました。これが、憲法の改正ではなく、武

力攻撃事態等対処法などの法改正という形でおこなわれたのです。

「法の支配」から「人の支配へ」

憲法は、政権より上にあって（最高法規）、どんな政権も守らないといけないルールです。そのようなルールの下で政治をするのが「立憲主義」「法の支配」です。最高法規である憲法の改正は、憲法より上にいる主権者国民がおこなう、というのが「国民主権」です［p24］。憲法の下にいる一政権が、憲法を下からいじってはいけません。国民主権（国民の憲法改正権）が侵されたのですから、主権者国民としては怒らないといけないところでした。

このように、「右か左か」（政治的立場）の問題ではなく、「憲法が上、政権は

下」という上下の関係（法秩序）を壊す動きでした。

上と下がひっくり返っていることをわかりやすく示す発言がありました。２０１５年６月５日、安保法案の審議の中での中谷防衛大臣の**「現在の憲法をいかにこの法案に適応（適用）させていけば良いのかという議論をふまえて、閣議決定をおこなった」**という発言です。「安保法案（下位）を憲法（上位）に適合させる」でなければならないのに、「憲法を安保法案に適合させる」と上下ひっくり返してしまったのです。

その前日の６月４日、衆議院憲法審査会に参考人として招致された３人の憲法学者が、いずれも「安保法案は憲法違反」という見解を述べました。長谷部恭男・早稲田大学教授（自民党・公明党・次世代の党推薦）、小林節・慶應義塾大学名誉教授（民主党推薦）、笹田栄司・早稲田大学教授（維新の会推薦）の３人です。

しかし、せっかく招致された憲法学者の意見は顧みられませんでした。

６月11日、自民党副総裁の高村正彦衆議院議員は**「憲法の番人は最高裁判所であって憲法学者ではない」**と発言。「憲法の番人は最高裁判所」というのは間違いではありませんが、付随的違憲審査制［p-34］ですから、最高裁がすぐに憲法判断をするわけではありません。違憲の法律ができた後、それに基づいて違憲の既成事実が積み重ねられ、その後で「それまでやってきたことは違憲でした」という判決が出れば、それまでやってきたことが覆されてしまい、法的安定性が失われます。「憲法が上、政権は下」という上下関係（法の支配）が壊れないよう、上位の憲法には「法的安定性」が必要なのです。

この「法的安定性」について、礒崎陽輔首相補佐官は7月26日の講演会で「**法的安定性は関係ない**」と、「法の支配」を否定するような発言をしています。

高村正彦議員は「**砂川事件最高裁判決が集団的自衛権を認めている**」とも主張しました。これが本当かどうか確かめていただけるよう、拙著『檻の中のライオン』の巻末に砂川事件最高裁判決全文を、私の注釈つきで掲載しています。この事件の争点は「駐留米軍の合憲性」で、日本の集団的自衛権については何も述べていません。それどころか、判決文に「自衛隊」という言葉すら一度も登場せず、個別的自衛権を行使する自衛隊の合憲性についてすら判断を避けており、集団的自衛権についての判断などしているはずがありません。

しかし、内閣法制局長官［p141］までもが、この無茶な言説を追認してしまいました。「今般の新三要件のもとで認められる限定された集団的自衛権の行使……につきましては、砂川判決において論じております我が国自衛のための措置を超えるものではなく、同判決に言う自衛権に含まれるというふうに解することが可能である」（2015年6月15日、衆議院安保法制特別委員会にて横畠裕介内閣法制局長官）。

政治権力によって最高裁判決の内容までもがねじ曲げられてしまったように思います。

このように法を軽んじるような発言が続いた末、憲法違反の法案が可決・成立してしまいました。安全保障政策がどうあるべきか、という政策レベルの問題ではなく、法が壊れて「法の支配」が「人の支配」になってしまうという問題です。いかなる政策も、憲法の枠に収まっていなければなりません。憲法の枠を超える政策が必要な場合は、改憲しなければなりません。改憲をせずに法改正だけでやってしまったことが「法的に」問題なのです。

集団的自衛権を「檻の外」に置いてライオンの手が届かないようにしていたのに、ライオンが檻を壊して勝手に手にしてしまったようなものです。

集団的自衛権の違憲性については、『檻の中のライオン』でさらに詳しく解説しています。

2015年に成立した安全保障関連法制は、集団的自衛権だけではありません。他にも、憲法上の問題がある法改正などがされています。

(2)「**周辺事態法**」を「**重要影響事態法**」に改正

自衛隊が米軍に対しておこなう「後方支援」(物品や役務の提供等)などの活動について定める周辺事態法(1999年成立)が改正され、自衛隊の活動範囲が拡大されました。①地理的範囲、②支援対象、③実施地域、④支援内容、⑤武器使用、いずれも拡大されています。

まず、①**地理的範囲が拡大**され、「我が国周辺」から全世界に広がりました。

改正前は「周辺事態」すなわち「そのまま放置すれば我が国に対する直接の武力攻撃に至るおそれのある事態等**我が国周辺の地域における**我が国の平和及び安全に重要な影響を与え

る事態」に後方支援をおこなうものとされていました。

しかし、改正により「我が国周辺の地域における」が削除され、世界中で後方支援活動が可能になりました。用語も「周辺事態」から「重要影響事態」と改められ、法律の名称も「周辺事態法」から「重要影響事態法」に改められました。


また、**②支援の対象が拡大**し、米軍以外の外国軍隊への支援もできるようになりました。

改正前は、日米安保条約の目的の達成に寄与する活動をおこなっている米軍を支援するものとされていました。

しかし、改正により、米軍だけでなく「国連憲章の目的の達成に寄与する活動をおこなう外国の軍隊」などにも拡大されました。

③実施地域も拡大し、現に戦闘がおこなわれていない地域なら可能になりました。
自衛隊の活動が**外国軍隊の武力行使と一体化**してしまうと、自衛隊が他国のために武力行使をおこなっているのと同じことになってしまい、武力行使を禁じる憲法9条に違反します。

このようなことが起きないようにしなければなりません。

他国の武力行使と一体化しているかどうかは、a他国の活動の現況、b我が国の活動の具体的内容、c他国が戦闘行為をおこなう地域と我が国の活動場所との地理的関係、d両者の関係の密接性、を総合的に考慮して判断するとされています（いわゆる大森四要素、1997年2月13日大森政輔内閣法制局長官の答弁）。

この総合的判断を個別におこなうのは難しいため、制度的な枠組みが案出され、改正前の周辺事態法に盛り込まれていました。それが「後方地域」（図のC地域）という概念です。

戦闘地域（A地域）は、戦況次第で移動する可能性があります。もし図のB地域で自衛隊が後方支援などの活動をすれば、A地域が移動して

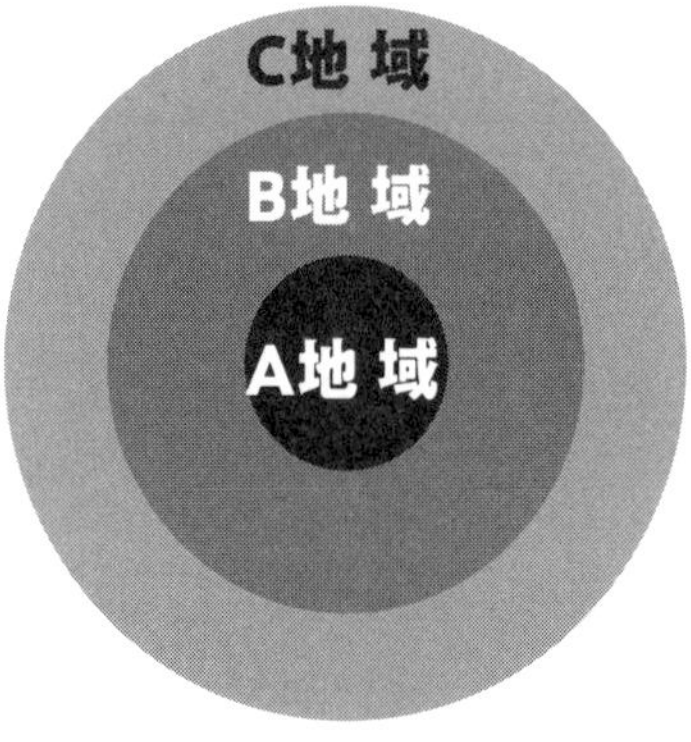

A地域：現に戦闘行為が行われている
B地 域：戦闘行為は行われていないが、
行われる可能性がある
C地 域：戦闘行為が行われておらず、
かつ、行われる可能性もない
＋ わが国領域（後方地域）

きて、A地域での戦闘と自衛隊の活動が一体化してしまうおそれがあります。

そこで、周辺事態法では、**C地域だけで活動する**枠組みとされていました。B地域をバッファゾーンとし、A地域とC地域との間に2本の線をおくことで、A地域の場所的移動によってC地域での自衛隊の活動と直ちに一体化しないようにしていたのです。

周辺事態法を改めた重要影響事態法でも、「武力行使一体化の禁止」という原則自体は維持されています。

しかし、「後方地域」(C地域)という概念はなくなり、**B地域でも後方支援活動などができる**ことになりました。これにより、自衛隊の活動地域が、戦闘地域と1つの線だけで接することになります。中谷防衛大臣は、実際にはC地域のみで活動するよう防衛大臣が活動地域を指定するので従来と変更はない、との答弁をしています(2015年7月10日、衆議院安保法制特別委員会)が、条文にはそのようなことは書かれていません。

さらに、遭難した戦闘参加者の**捜索救助活動**については、すでに遭難者が発見され、自衛隊がその救助を開始している場合には**A地域においても**、これを継続できることになりました。

これにより、**自衛隊の活動が他国の武力行使と一体化する危険が大きくなります。**自衛隊員の生命の危険も高まります。

改正前の枠組みですら、違憲判決が出ています。

イラク戦争での航空自衛隊の空輸活動について、名古屋高裁は次のように判示し、憲法9条1項違反としました（平成20年4月17日）。

「航空自衛隊の空輸活動は……多国籍軍との**密接な連携**の下で、多国籍軍と武装勢力との間で**戦闘行為がなされている地域と地理的に近接**した場所において、対武装勢力の戦闘要員を含むと推認される多国籍軍の**武装兵員を定期的かつ確実に輸送**しているものであるということができ、現代戦において輸送等の補給活動もまた戦闘行為の重要な要素であるといえることを考慮すれば、多国籍軍の戦闘行為にとって必要不可欠な軍事上の後方支援を行っているものということができる。したがって、このような航空自衛隊の空輸活動のうち、少なくとも多国籍軍の武装兵員をバグダッドへ空輸するものについては、……**他国による武力行使と**

一体化した行動であって、自らも武力の行使を行ったと評価を受けざるを得ない行動であるということができる」

もっと根本的な問題があります。集団的自衛権行使が許されるなら、自衛隊がA地域で他国といっしょに武力行使することも許されることになります。集団的自衛権の行使要件（新三要件）は曖昧であるため、これが恣意的に判断されれば、「他国の武力行使との一体化禁止」という原則そのものが骨抜きになる可能性があります。

④支援内容も拡大されています。

改正前は、**弾薬の提供、戦闘作戦行動のために発進準備中の航空機に対する給油・整備**は、禁じられていました。自衛隊がこれらをおこなうと、大森四要素［p16］との関係で、他国の武力行使と一体化するおそれが大きいためです。

改正後は、これらができるようになりました。これについて、元内閣法制局長官の大森政輔弁護士は「一番典型的な武力行使の一体化の事案」と指摘し、「よくもこういうふうに認めるね」と嘆息されています（長谷部恭男編『検証・安保法案　どこが憲法違反か』有斐閣p51）。

（3）国際平和支援法の制定

国際平和支援法という新しい法律も制定されました。

以前は、アフガニスタン戦争に際してテロ対策特措法、イラク戦争に際してイラク特措法、といった個別立法をその都度おこなって支援活動をしてきました。この法律ができたことで、**個別立法をしなくても、いつでも自衛隊を海外派遣できる**ことになりました。

同法は、地域・場所・支援内容について、**重要影響事態法と同様の枠組み**が採られています。そのため、外国軍隊との武力行使一体化などについて、重要影響事態法と同じ問題が生じます。

（4）国連平和維持活動協力法（PKO協力法）の改正

湾岸戦争終結後の1992年に成立したPKO協力法も改正されました。

まず、自衛隊の国際平和維持活動（ＰＫＯ活動）は９条に反しないでしょうか。

憲法９条は武力行使を禁じており、ＰＫＯ活動は武力行使のおそれがあるため許されない、という見解もあります。

一方、政府解釈は次のようなものでした。憲法９条は武力行使を禁じていますが、武力行使でない活動は禁じていません。そこで、ＰＫＯ活動において、自衛隊が武力行使をしたり、自衛隊の活動が他国軍隊の武力行使と一体化したりしないような制度的な枠組みがあれば、憲法９条に反しない、という解釈です。

そのような制度的枠組みとしてＰＫＯ参加５原則が案出され、それに基づいてＰＫＯ協力法が定められました。

ＰＫＯ参加５原則

① 紛争当事者で停戦合意が成立していること

② 当該国を含む紛争当事者のすべてが、当該ＰＫＯ及び当該ＰＫＯへのわが国の参加に同意していること

③ 当該PKOが中立の立場でおこなわれること
④ ①〜③のいずれかが満たされない状況となったときは、わが国の部隊を撤収すること
⑤ 武器の使用は、要員の生命等の防護のために必要な最小限度のものに限ること

2015年の改正により、自衛隊の活動範囲が拡大されました。

まず、国連が統括する国連平和維持活動だけでなく、EUその他の地域的機関等の要請で実施される「**国際連携平和安全活動**」が追加されました。

停戦合意（5原則の①）がなくても、武力紛争が終了し、PKO活動をおこなう地域に紛争当事者が存在しなくなり、その国の同意がある場合などにも可能とされました。

さらに、停戦成立後の停戦維持だけでなく、「紛争による混乱に伴う切迫した暴力の脅威からの住民の保護」を目的とする活動も加わり、「**安全確保業務**」（住民、被災民への危害防止など）、「**駆け付け警護**」（離れた場所にいる他国のPKO要員などが襲われた場合、武器を持って助けに行く）が追加されました。

ただ、PKO参加5原則①〜④は変わらないという説明です（第189回国会における答

弁書305号、2015年9月29日)。

このように広がった活動における武器使用のルール(5原則の⑤)が、法改正で大きく変わりました。

武器使用には2つのタイプがあります。

「自己保存型」(Aタイプ)……攻撃を受けたときに防衛のため受動的におこなう武器使用

「任務遂行型」(Bタイプ)……任務の遂行を実力で妨げる企てに対抗するための武器使用

改正前は、政府は**「自己保存型」**のみ許されるとしてきました。

自己保存型の武器使用は、**自己保存のための自然権的権利**であるため、そのための必要最小限の武器使用は、9条1項で禁止される**武力行使にあたらない**(1991年9月27日、政府統一見解)。

任務遂行型の武器使用は、「状況によりまして国際的な武力紛争の一環として戦闘をおこなうという評価を受けることになりまして、このような武器の使用は憲法9条で禁止された**武力の行使に当たるという疑いを否定することができない**」と政府は説明していました（1996年5月7日、参議院内閣委員会にて秋山收内閣法制局第一部長）。

また、「**駆け付け警護**」における武器使用についても、「自己保存のための自然権的権利というべきものの範囲を超える……国又は国に準ずる組織に対しておこなうという場合には憲法9条の禁ずる**武力の行使に当たるおそれがある**」（2011年10月27日、参議院外交防衛委員会にて梶田信一郎内閣法制局長官）と、武器の使用を認めないとしていました。

しかし、改正により、違憲の疑いがあるとされていたものが容認されました。

「**安全確保業務**」**での任務遂行型の武器使用**を容認。

「**駆け付け警護**」**での武器使用**も容認。

「**宿営地共同防護**」（自衛隊が駐屯する宿営地が襲撃された場合に他国PKO部隊と共同して宿営地を防護）の規定も新設され、**武器使用**ができるとされました。

このような武器使用について、福田護弁護士は「相手方武装勢力等との武器使用の応酬、さらには戦闘状態にも発展しかねず……憲法9条に違反する」（長谷部恭男・杉田敦編『安保法制の何が問題か』岩波書店、p47）とされ、各地の弁護士会もこのような懸念を表明しています。

一方、元内閣法制局長官の大森政輔弁護士は「駆け付け警護などというのはかえってA型武器使用の、今でも認めている武器使用の一類型」「B型のほうについても、あれぐらいはやれることにしておかないと……PKO活動を円滑に進めることが困難です」と肯定的です（長谷部恭男編『検証・安保法案　どこが憲法違反か』有斐閣、p52）。

（5）外国軍隊の武器等防護のための武器使用

改正前の自衛隊法では、個別的自衛権行使の要件を満たさない場合でも、**自衛隊が保有する武器等**が外国軍から攻撃されたときは、それを防護するための武器使用が認められていました。

政府は「我が国の防衛力を構成する重要な物的手段を破壊、奪取しようとする行為」に対する「極めて受動的かつ限定的な必要最小限の行為」だから許される、と説明していました。が、このような武器使用は生命・身体を守るものではないため、「自己保存のための自然権的権利」［p１６８］とは言い難く、「政府解釈の中で一番理屈が弱い解釈」と指摘されています（水島朝穂『ライブ講義徹底分析！ 集団的自衛権』岩波書店、p１９２）

改正により、**米軍など他国軍隊の武器等防護のための武器使用**も容認されました。

改正前から憲法違反の疑いがあったところなのに、さらに他国軍隊の武器防護のための武器使用も認めたのです。

防護対象となる軍隊は「自衛隊と連携して我が国の防衛に資する活動……に現に従事している」米軍など他国軍隊とされており、我が国の防衛「を目的とする」ではなく「に資する」という、広くあいまいな表現です。防護対象となる武器にも限定はなく、「まず考えられるのは空母等の艦船や偵察機等の航空機」（阪田雅裕『憲法９条と安保法制　政府の新たな憲法解釈の検証』有斐閣、p１０５）と指摘されています。これらに対する攻撃に対処するのですから、使用する武器も大がかりなものとなるでしょう。

外国軍隊の武器を警護するかどうかは、外国軍隊の要請に基づいて防衛大臣が判断するとされていますが、実際に武器を使用するかどうかは**現場の自衛官がその場で判断する**ことになっています。

自衛官がこのような武器使用をした場合、相手国などから見れば、自衛隊が集団的自衛権を行使して反撃してきたように映ることでしょう。自衛隊と他国軍隊との武力衝突のような形となり、「戦争の発端となりかねない」（阪田雅裕『憲法9条と安保法制』有斐閣、p106）、「今度の新安保法制のなかで、日本にとって危険になる可能性が一番あるのは、この問題だと思っています」（柳澤協二『新安保法制は日本をどこに導くか』かもがわ出版、p17）と懸念されています。

国会承認などの手続きなしに、現場の自衛官の判断でこのような事態となる可能性がある枠組みでは、権力を憲法で縛ることができていない（法の支配ではない）ことになるでしょう。

2 9条は守られている？――南スーダンPKO

2012年1月から、国連平和維持活動（PKO）として、南スーダンに自衛隊が派遣されました。PKO協力法［p165］に基づく派遣です。これを憲法から考えてみましょう。PKO参加5原則が遵守されていれば憲法9条に反しないとされています［p166］が、南スーダンPKOでは5原則が遵守されていたでしょうか。

南スーダンでは、2013年12月以降、政府軍と反政府軍との内戦が起き、2015年8月に停戦が合意されましたが、停戦合意は守られず、その後も内戦が続いて多数の死者が出ていました。2016年11月1日の国連独立調査団報告書は停戦合意が崩壊していると述べ、反政府勢力の指導者である前副大統領も同じように述べていました。

このように、5原則のうち①「紛争当事者間で停戦合意が成立していること」を充たさず、憲法9条に違反する状況となっていました。

このような場合、５原則の④では自衛隊を撤収することとされています。「紛争当事者間の停戦合意が破れるということなどで我が国が平和維持隊などの組織に参加して活動する、こういう前提が崩れました場合、短期間にこのような前提が回復しない、このような場合には我が国から参加した部隊の派遣を終了させる、こういった前提を設けて参加することといたしております。したがいまして……我が国が武力行使をするというような評価を受けることはない」（１９９１年９月25日衆議院国際平和特別委員会にて工藤敦夫内閣法制局長官）と答弁されています。

ところが、政府は自衛隊を撤収させるどころか、２０１６年11月15日、自衛隊に新たな任務を付与する閣議決定をしました。それが、２０１５年のＰＫＯ協力法改正で新たに加わった任務「駆け付け警護」「宿営地共同防護」です［ｐ１６７］。

こういった状況下で、９条違反を覆い隠すように、自衛隊の日報が隠蔽されたり［ｐ44］、日報に「戦闘」と書いてあるが「武力衝突」にすぎない、といった国会答弁がなされたりしたのでした。

幸い、自衛隊は一人も死者を出すことなく２０１７年３月に撤収が決まりましたが、９条違反の出来事は起きていたのです。

南スーダンPKO問題についても、日本弁護士連合会や各地の弁護士会の意見をインターネット上で読むことができます。

これからの問題

2020年8月4日、自民党は「国民を守るための抑止力向上に関する提言」という文書を安倍首相に提出し、「敵基地攻撃能力」の保有について議論が始まりました。憲法上は、自衛権行使の三要件［p-154］にあてはまるかという問題で、「法理上は許されるが、政策上保持しない」とされてきました。自衛隊のあり方を大きく変え、多額の国費も必要になるはずです。まず私たちが関心を持つことが大切です。

自衛隊の問題について、裁判所の違憲判決はあまり期待できません。付随的違憲審査制であるうえ、「統治行為論」で裁判所が判断を避けることもあります。

自衛隊が海外に派遣される際は、国会の承認が必要とされています。その際に、「権力分立」

（主に野党の国会議員によるチェック）、「民主主義」（私たちが関心を持ち、声を上げる）のブレーキが機能して、９条に反する事態が起きないようにすることが重要です。

ただ、特定秘密保護法により、前提となる情報が秘密とされれば、これらのブレーキが効かなくなるかもしれません。そこが、特定秘密保護法の問題点です［ｐ43］。

5

法の支配と人の支配
基本的人権編

「法が終わるところ、暴政が始まる」――これは、検察官の定年延長問題について元検察官有志が発表した意見書（2020年5月15日）の中で紹介されていた、ジョン・ロックの言葉です。「法の支配の反対語は?」と国会で小西洋之参議院議員から質問された安倍首相は答えられませんでした（2019年3月6日）。**「法の支配」の反対語は「人の支配」**。権力者で好き勝手に政治をする政治体制です。

「人の支配」の政治体制では、私たちはどのように生きていけばよいでしょうか。権力者の好みで政治をするのですから、権力者に気に入られるかどうかが重要です。**権力者に気に入られれば良い思いができる。権力者から嫌われたら何をされるかわからない。**

権力者がえこひいきをしないよう「法の下の平等」（14条）という規定で権力を縛っていたはずですが、憲法が壊れれば、このようになってしまうでしょう。

「すべて公務員は、全体の奉仕者であって、一部の奉仕者ではない」（15条）とされていますが、一部の人のために権力が使われることになってしまうことでしょう。

権力者から気に入られるように「忖度」しなければ、ということにもなるでしょう。

「法の支配」が「人の支配」になれば、「公私混同」「権力の私物化」が起きます。

公権力が踏み越えてはいけない一線が「憲法」というルールです。この一線で、「公権力」と「プライベートな私たち」を区別し、公権力が私たちのプライベートな領域に介入してこないようにしています。公権力が口出ししてはいけない、私たちのプライベートな「自由にさせて」という領域が、憲法に列挙されています。

思想良心の自由（19条）、信教の自由（20条）、表現の自由・知る権利（21条）、職業選択・居住移転の自由（22条）、学問の自由（23条）、婚姻の自由（24条）、財産権（29条）、人身の自由（31条など）といった条項です。

公権力を憲法の枠内で使ってもらうことで、このような「自由」が守られているのです。

ライオンの檻の中が「公」、檻の外が「私」。これを区別する「憲法」という一線が崩壊すると（ライオンが檻の一線を踏み越えて出てくると）、「公私混同」「権力の私物化」が起きるのです。最近、「公私混同」「権力の私物化」という言葉をよく聞きませんか？　これはまさに、憲法が壊れていることを言い表している言葉だと思います。

1 権力者に気に入られれば良い思いができる？

権力者と仲良しなら、国有地を安くもらえたり、政治家の不正をかばった官僚は出世したり〔森友学園問題、p75〕、できないはずの獣医学部が開設できたり〔加計学園問題、p48〕、桜を見る会に呼ばれてご馳走してもらえたり〔p77〕、法を曲げてまで定年延長してもらえたり〔黒川東京高検検事長問題、p131〕、といった事例はすでにご紹介ました。他にもいろいろあります。

事例

首相に「忖度」して道路整備

「忖度」という言葉がよく聞かれるようになりました。

2019年4月、山口県下関市（安倍首相の地元）と福岡県（麻生財務相の地元）北九州市を結ぶ道路の整備について、塚田一郎国土交通副大臣が「私、すごく物わかりがいい。すぐ（安倍首相と麻生大臣に）忖度する」という発言をしました。福岡県知事選挙の応援演説でのことでした。

この発言に「利益誘導だ」と批判が集まり、大臣は辞任に追い込まれました。

発言自体の問題より、権力者やその地元なら良い思いができる、権力者に忖度することが当たり前、という政治体制になっていることが、根本的な問題であるように思います。

事例

10倍の選挙資金——河井克行・案里夫妻事件

参院選の広島選挙区（2人区）では、与野党が1議席ずつ分け合ってきましたが、2019年の参院選では、自民党は現職の溝手顕正候補の他に河井案里候補も擁立し、2議席独占を狙う形となりました。結果は、野党の森本真治氏と河井氏が当選し、溝手氏は落選。

しかし、当選した河井氏と夫の克行衆議院議員は、大勢に現金を配ったという買収罪（公職選挙法違反）で逮捕・起訴されました。河井案里氏の秘書も、公職選挙法で定められた上限を超える報酬を車上運動員に支払っていたとして有罪とされました。

自民党本部は河井氏に1億5000万円（溝手氏の10倍）もの選挙資金を出していたことも判明しており、自民党は2議席独占というより、過去に安倍首相を批判したことがあった溝手氏を落選させようとしたのではないかという見方もあります。あからさまなえこひいきで、森友・加計問題などの「お友だち優遇」疑惑の事件と似た出来事だという見方もできるでしょう。河井夫妻も、「権力側に守られている」という感覚を持っていなかったでしょうか。

自民党本部が1億5000万円を渡した行為は「買収目的交付罪」（公職選挙法違反）となるのではないかという疑いもあります。

このような事件が起きたのも、「法の支配」が「人の支配」になっていく動きを有権者が追認・黙認してきた結果ではないでしょうか。

事例

再び、黒川検事長の定年延長問題

東京高検の黒川検事長の定年を、違法な閣議決定をしてまで、なぜ延長したかったのでしょうか［p93］。黒川氏の力で、河井夫妻の一件や桜を見る会などの問題に捜査が及ばないようにしたい、という思惑があったのではないか、と疑われています。

検察トップの稲田伸夫検事総長が2020年7月に退任する見込みのため、黒川検事長の定年を8月7日まで半年延長すれば、稲田氏の後任として黒川氏を検事総長に任命することが可能となります。検察官の定年は63歳ですが、検事総長だけは65歳。内閣が黒川氏を検事総長に任命すれば、さらに定年が延びるところでした。

権力者が法より上にいる「人の支配」なら、権力者の犯罪を法で裁けなくなります。

黒川検事長は賭け麻雀をしていたことが発覚して5月22日に辞職し、検事総長に任命される可能性はなくなりました。ただ、賭け麻雀（賭博罪）をしていたことについて、国家公務員法に基づく懲戒処分ではなく、法務大臣訓令に基づく「訓告」という軽い処分となりました。これについて、軽すぎるという批判があります。

事例

2 権力者に楯突くと……

「こんな人たちに、私たちは負けるわけにはいかないんです」

2017年7月1日、東京秋葉原で都議選の応援演説をしていた安倍首相に、聴衆から「安倍やめろ」コールが起こりました。安倍首相はそれを指さし、「こんな人たちに、私たちは負けるわけにはいかないんです」と発言。

「全体の奉仕者」(15条)でなければならないのに、自分を批判する人を「敵」と見なして蔑むような発言は、本章の一連の出来事を象徴するとも言えるでしょう。「私人」なら構いませんが、「公人」がするのはまずい発言でした。この発言は大きな批判を浴び、安倍首相は国会で謝罪に追い込まれました。内閣の支持率も大きく下がりました。が、10月の衆院選では与党が3分の2の議席を維持しました。

事例

首相に批判的なヤジを飛ばしたら排除

２０１９年の参院選選挙期間中の7月15日、札幌駅前で街頭演説をしていた安倍首相に、「安倍やめろ」などとヤジを飛ばした方が、警察官に取り押さえられ排除されました。

２０１９年8月24日、埼玉県知事選の応援演説をしていた柴山昌彦文部科学相に対し、大学入学共通テストに反対するヤジを飛ばした方が警察官に取り押さえられました。

札幌の件については、北海道の弁護士たちが、警察官の行為が違法であるとして国家賠償請求訴訟などの法的手続きを進めています。

権力側が表現内容を審査して、この内容ならＯＫ、この内容は禁止、といったことをするのは、表現の自由（21条）を侵害し憲法違反となります。ですから、安倍首相を支持する声援は排除しない、批判的なヤジは排除する、といったことは許されません。

北海道警は、危害や犯罪を防止するための警察官職務執行法に基づく措置だと主張しているようですが、本当にそのような状況だったのかどうか、訴訟の行方が注目されます。

事例

話をしただけで犯罪者に？　刑法の原則を壊す共謀罪法

２０１７年６月15日、いわゆる共謀罪の創設を含む改正組織的犯罪処罰法が成立しました（以下「共謀罪法」といいます）。

大まかにいうと、「組織的犯罪集団」が、一定の犯罪行為を２人以上で「計画」し、それに基づいて「準備行為」をしたら処罰される、という法律です。

日本弁護士連合会や、全国すべての弁護士会が、共謀罪法に反対する声明などを出しています。「共謀」とは何でしょうか。まず、「刑法」という法律を貫く基本的な考え方をご説明しなければなりません。

既遂犯処罰の原則

刑法では、「**既遂**」（例：人を殺す行為をして死亡させた＝殺人罪　刑法１９９条）を処罰するのが原則です。

ただ、重大な犯罪については「**未遂罪**」を処罰する規定があります（例：人を殺す行為に着手したが死亡に至らなかった＝殺人未遂罪　刑法203条）。

犯罪行為に出る前の準備行為を「**予備罪**」として処罰する規定もありますが、極めて例外的で、ごく一部の重大な犯罪だけです（例：人を殺す道具を準備したが人を殺す行為には至らなかった＝殺人予備罪　刑法201条）。

「**共謀**」というのは、予備罪で処罰される準備行為にも至っていない段階の、犯罪をする話し合いのことです（例：「あの人殺したいね」）。この段階から処罰する規定は、ほぼありませんでした。

このような考え方は、憲法に基づきます。

刑罰は人権侵害ですから、むやみに科してはいけません。刑罰法規を定めるうえで、刑罰を用いなければ犯罪を抑止できないような場合にだけ刑罰を科す、という「刑罰の謙抑性」が求められます。ですから、まずは実害が発生した「既遂」を処罰すべきで、「予備」や「共謀」のような実害発生から遠い段階ではできるだけ刑罰を用いるべきでは

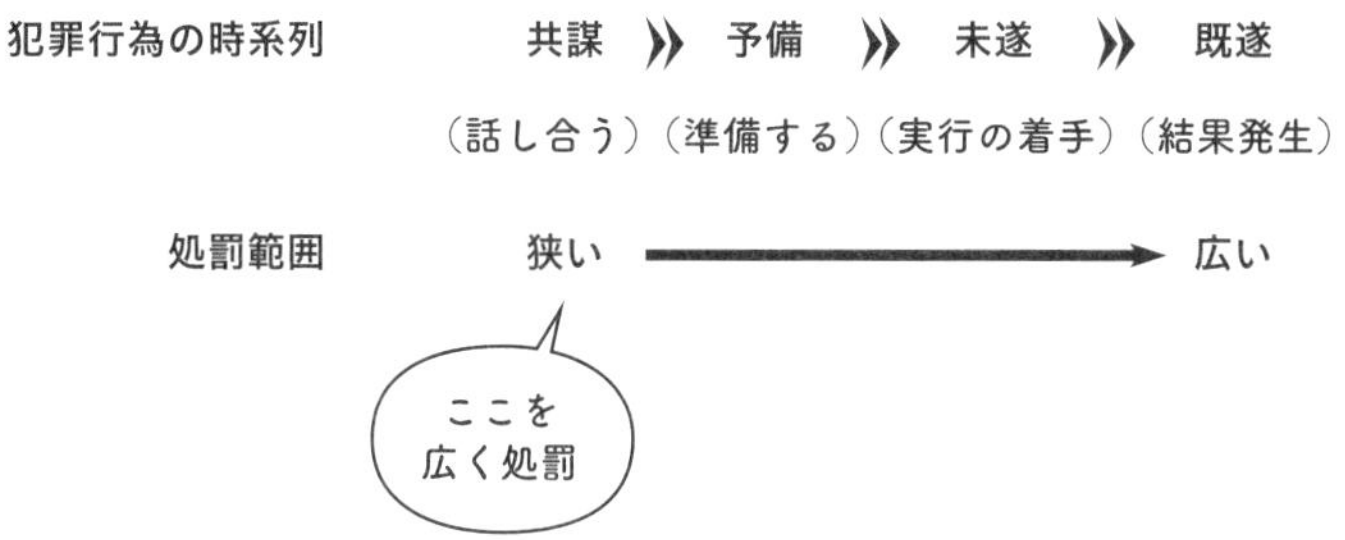

ありません。

「刑事手続の法定」を定める憲法31条は、このような「適正な刑罰法規の法定」も求めていると解釈されています。

日本国憲法　31条〈法定手続の保障〉

何人も、**法律の定める手続**によらなければ、その生命若しくは自由を奪はれ、又はその他の**刑罰を科せられない**。

刑法学者は次のように述べています。

・「無害な行為を処罰する罰則は、根拠なく国民の自由を侵害するものであり、許されない」（山口厚『刑法総論』有斐閣、p19）

・「その処罰範囲において明らかに当罰的でないものを含んでいる場合には、やはり憲法31条の要求する刑罰法規の適正さに欠け違憲だといわなければならない」（西田典之『刑法総論』弘文堂、p62）。

・「危険が全然無いような実行準備行為でもって処罰できるというのは、内容的に言っても憲法違反」（髙山佳奈子「共謀罪の何が問題か」『別冊法学セミナー　共謀罪批判—改正組織犯罪処罰法の検討』日本評論社、p22）。

共謀罪法は、「予備」よりも前の段階から、277種類もの犯罪（政府はテロ対策のための法律だと説明していますが、テロ対策とは無縁のものも対象に含まれています）について広く処罰するとしており、憲法の要請に基づく刑法の体系を大きく変容させています。

罪刑法定主義

どんな行為が犯罪となり、どんな刑罰を科されるか。これについては、**あらかじめ**、**明確に**、**法律で**、定めておかなければなりません。これを「**罪刑法定主義**」といいます。これも憲法31条に基づく刑事法の大原則です。

国会が作る法律（＝**民主主義**の要請）で犯罪と明記されていることだけが処罰されることにすれば、捜査機関（行政権）や裁判所は気に入らない人を都合良く処罰したりできません（＝**権力分立**の要請）。法律に犯罪と明記されていないことはやってもよいことになり、私たちは安心して自由に行動することができます。何が犯罪なのかが不明確なら、「よくわからないからやめておこう」などと行動が萎縮してしまいかねません。

では、共謀罪法の定め方は明確でしょうか。

共謀罪法では、前述のとおり「組織的犯罪集団」が「計画」して「準備行為」をする、といった言葉が使われています。何が犯罪で何が犯罪でないのか、判別できるでしょうか。

「組織的犯罪集団」に限定はありませんので、2人以上ならどんな集団でも該当しうることになります。過激な冗談の会話でも、犯罪の「計画」にあたるかもしれません。「ATMでお金を引き出す」「ある場所へ行く」といった行為が、「犯罪の資金を引き出した」「犯罪の下見に行った」とされ、「準備行為」とされてしまうかもしれません。

このように無限定で不明確であるため、時の権力に都合の悪い人を狙って処罰しようとするなど、憲法上問題のある使われ方がされる心配があります。

表現の自由

共謀罪法で侵害されるおそれのある自由には、次のようなものが考えられます。

話をしているだけで「計画」だなどと言われる可能性があれば、うっかり話もできなくなりかねません。自由に話をすることは表現の自由（21条）で保障されていますが、このような不明確な規定で処罰の可能性があれば、「よくわからないから黙っておこう」と表現行為が萎縮してしまいかねません。

思想良心の自由

「ATMでお金を引き出した」というような、外形的には犯罪ではない行為を処罰するとなると、客観的な行為ではなく内心が問題となります。公権力が個人の内心に立ち入って捜査をおこなうことになれば、思想良心の自由（19条）の侵害とならないかという心配も出てきます。

営業の自由

経済活動も心配です。共謀罪法は、ビジネス関連の犯罪の共謀を広く処罰対象に含めています。会社法、金融商品取引法、税法、破産法、特許法、著作権法、不正競争防止法、労働者派遣法などです。これらの法律は、違法なのか適法なのか判然としないことも多いため、これを議論して検討することもビジネスの現場でありうることです。これが処罰対象かもしれないとなれば、営業の自由（22条）も萎縮してしまいかねません。

プライバシー権

共謀罪を犯罪として立件するには、よからぬ会話をしているかどうか警察が捜査する必要があります。となると、プライバシー権（明文はありませんが憲法13条で保障される）を侵害するような捜査方法が用いられないか、という心配も出てきます。

共謀罪についてもさまざまな関連書が刊行されています。本稿を書くにあたり、髙山佳奈子『共謀罪の何が問題か』（岩波書店）、『別冊法学セミナー　共謀罪批判――改正組織的犯罪処罰法の検討』（日本評論社）、共謀罪法案に反対するビジネスロイヤーの会編『ビジネスが危ない！　共謀罪の真実』（ジェネシスビジネス出版）を参考にさせていただきました。

6

改憲の作法

1　自民党の「改憲4項目」

自民党は、2017年10月の衆院選で「**自衛隊の明記、教育の無償化・充実強化、緊急事態対応、参議院の合区解消**」の4項目を中心に改憲を目指すと公約して大勝しました。その後、2018年3月、この改憲4項目を条文案にまとめました（いわゆる**改憲4項目**）。それぞれ、2012年の自民党改憲草案とは異なる条文案となっています。この4テーマについて、「**2012年改憲案**」「**2018年改憲案**」を見ていきます。

（1）9条改憲について

憲法9条についてはさまざまな意見の方がいらっしゃると思いますが、立場を超えて共有しなければならないことがあります。軍事力はただ存在すれば安心というものではなく、軍事力が濫用されないように憲法でコントロールすることが必要だ、という点です。そこを共有したうえで、軍事力を縛る憲法の規定はどのような書きぶりが良いか、という議論でなければなりません。

「現行憲法は集団的自衛権の行使を許していない」――これを共有したうえで、「集団的自衛権を行使できるように改憲しよう」という改憲論がありました。しかし、安倍政権が「改憲しなくても集団的自衛権を行使できる」（2014年の閣議決定、2015年の安保法制）と言ってしまったことにより、集団的自衛権を行使できるように改憲する必要性は薄れてしまいました。「改憲したい」としきりに言っているのに、逆のことをやってしまったのです。

ですから、2015年の安保法制に対しては、いわゆる「改憲派」の方も、「改憲しなくてもできるなんて言わずに、ちゃんと改憲を」と反対しなければならないところでした。相撲でいえば、「右」の力士も「左」の力士も「この土俵で相撲をとろう」という前提を共有してきたのに、突然横綱が土俵を壊して場外乱闘を始めたようなものです。

その後安倍首相は、9条について、「自衛隊は違憲だという憲法学者が多いから」「自衛官の子が目に涙を浮かべて『お父さんは違憲なの？』と言っているらしいから」という理由で改憲の必要があると述べています。

しかし、個別的自衛権を行使できるだけなら「戦力」にあたらず合憲、という解釈を、政府は1954年以降60年にわたって維持してきました。その解釈が国民のあいだに定着していたとも言えるでしょう（違憲論もありますが）。安倍政権が集団的自衛権を行使できる自衛隊に変えたことによって、自衛隊は「戦力」と言わざるを得なくなり、明白に違憲となったのです。自衛官の子が「違憲なの？」と泣いているなら、それは安倍政権が泣かせたのです。

2018年3月、自民党大会で、9条に自衛隊を書き込む「加憲」案が示されました。現行9条はそのままにしたうえで、その隣に「9条の2」を書き加え、そこに自衛隊を明記するというものです。

2018年改憲案　9条の2

1　前条の規定は、我が国の平和と独立を守り、国及び国民の安全を保つために**必要な**自衛の措置をとることを妨げず、そのための実力組織として、法律の定めるところにより、内閣の首長たる**内閣総理大臣を最高の指揮監督者**とする**自衛隊**を保持する。

2 自衛隊の行動は、**法律の定めるところにより、国会の承認その他の統制**に服する。

「今ある自衛隊を書くだけならいいんじゃない？」と簡単に考える方が多いかもしれませんが、そんな簡単な話ではありません。

ここでも、アクセルとブレーキの例えで説明してみます。

日本国憲法には、軍事に関する規定が何もありません。車に例えると、軍事的なことを前に進める「アクセル」がついていない車です。アクセルがないなら、ブレーキも必要ありません。軍事力自体がないのですから、軍事力を統制する（ブレーキをかける）憲法の規定も、何もないわけです。

この憲法の下でも自衛隊（個別的自衛権のみを行使する）は存在してきました。しかし、アクセルがついていなくて手で押さないと進まない車のごとく、アクセルがないことによって、進みすぎないように抑制が効いていたということができます。

このような「アクセルもブレーキもない車」に、「自衛隊」という軍事力に関するアクセルを取り付けよう、というのが、この加憲案です。

アクセルをつけるなら、ブレーキもつけないといけません。この条文案にブレーキはついているだろうか、という視点でチェックしてみることが重要です。

1項に「……必要な自衛の措置」とありますが、どんな自衛の措置なのか何の限定も書かれていません。つまり、時の政権に丸投げしてしまっており、時の政権が「必要だ」と考えれば、何でもできてしまうことになります。「内閣総理大臣を最高の指揮監督者とする」とされ、閣議すら不要で内閣総理大臣が一人で決めることができるような書きぶりとなっています。

2項に「統制」という言葉があります。これは「ブレーキ」を表す言葉です。しかし、どんなブレーキでしょうか。「法律の定めるところにより」「国会の承認その他の統制」となっています。「その他」とあるので、何でもよいことになっています。何でもよい何らかのブレーキを「法律」で取り付けるとされています。法律を作るのは時の政権ですから、ブレーキの取り付け方も、時の政権（車でいうと運転手）に丸投げとなっているのです。

「アクセル」を「ライオン」、「ブレーキ」を「檻」と言い換えることもできます。

軍事力という権力（ライオン）が、憲法による統制（檻）のない状態になっていて、立憲主義（ライオンは檻の中）の観点から問題があります。

2012年の自民党改憲草案も、法律に丸投げの書きぶりです。

自民党改憲草案　第二章　安全保障

（平和主義）

第九条　日本国民は、正義と秩序を基調とする国際平和を誠実に希求し、国権の発動としての戦争を放棄し、武力による威嚇及び武力の行使は、国際紛争を解決する手段としては用いない。

2 前項の規定は、自衛権の発動を妨げるものではない。

（国防軍）

第九条の二 我が国の平和と独立並びに国及び国民の安全を確保するため、内閣総理大臣を最高指揮官とする**国防軍**を保持する。

2 国防軍は、前項の規定による任務を遂行する際は、**法律の定めるところにより**、**国会の承認その他の統制**に服する。

3 国防軍は、第一項に規定する任務を遂行するための活動のほか、法律の定めるところにより、国際社会の平和と安全を確保するために国際的に協調して行われる活動及び公の秩序を維持し、又は国民の生命若しくは自由を守るための活動を行うことができる。
4 前二項に定めるもののほか、国防軍の組織、統制及び機密の保持に関する事項は、法律で定める。
5 国防軍に属する軍人その他の公務員がその職務の実施に伴う罪又は国防軍の機密に関する罪を犯した場合の裁判を行うため、法律の定めるところにより、国防軍に審判所を置く。この場合においては、被告人が裁判所へ上訴する権利は、保障されなければならない。

いずれにせよ、「9条を変えることに賛成」という漠然とした意見ではなく、どのような条文に変えるのか、具体的に考えることが大切です。

(2) 緊急事態条項の創設

ライオンは檻の中、つまり立憲主義が大原則です。

しかし、緊急事態が起こった場合にはライオンが檻から出ることができる、というのが、憲法の緊急事態条項です。つまり、緊急事態の際には一時的に立憲主義を停止する、という条項です。緊急事態条項は、日本国憲法にはありません。

2012年の自民党改憲草案には緊急事態条項が書かれています。

自民党改憲草案98条（緊急事態の宣言）

1　内閣総理大臣は、我が国に対する外部からの武力攻撃、内乱等による社会秩序の混乱、地震等による大規模な自然災害**その他の法律で定める緊急事態**において、特に必要があると認めるときは、法律の定めるところにより、閣議にかけて、緊急事態の宣言を発することができる。

2　緊急事態の宣言は、法律の定めるところにより、事前又は**事後に**国会の承認を得なければならない。

3　内閣総理大臣は、前項の場合において不承認の議決があったとき、国会が緊急事態の宣言を解除すべき旨を議決したとき、又は事態の推移により当該宣言を継続する必要がないと認めるときは、法律の定めるところにより、閣議にかけて、当該宣言を速やかに解除しなければならない。また、百日を超えて緊急事態の宣言を継続しようとするときは、**百日を超え**

るごとに、**事前に国会の承認**を得なければならない。

自民党改憲草案99条（緊急事態の宣言の効果）

1　緊急事態の宣言が発せられたときは、法律の定めるところにより、**内閣は法律と同一の効力を有する政令を制定することができる**ほか、内閣総理大臣は財政上必要な支出その他の処分を行い、地方自治体の長に対して必要な指示をすることができる。

2　前項の政令の制定及び処分については、法律の定めるところにより、**事後に**国会の承認を得なければならない。

3　緊急事態の宣言が発せられた場合には、**何人も**、法律の定めるところにより、当該宣言に係る事態において国民の生命、身体及び財産を守るために行われる措置に関して発せられる**国その他公の機関の指示に従わなければならない**。この場合においても、第十四条、第十八条、第十九条、第二十一条その他の基本的人権に関する規定は、最大限に尊重されなければならない。

4　緊急事態の宣言が発せられた場合においては、法律の定めるところにより、その宣言が効力を有する期間、衆議院は解散されないものとし、**両議院の議員の任期及びその選挙期日の**

特例を設けることができる。

どのような場合が緊急事態かを「法律で定める」となっています（98条1項）。つまり、ライオンがどんな場合に檻から出るかを、ライオンが決める、という書きぶりです。檻から出たライオンがいつ檻に戻ってくるかというと、まず100日は戻ってこなくてよいことになっています。さらに100日ずつ、ライオンの判断で延長できます（98条3項）。これでは檻から出放題になってしまい、檻の意味がありません。

緊急事態には内閣が立法権を持つとされ、権力分立が壊されます。基本的人権を侵す指示にも従わなければならないとされています（99条）。

そもそも、大災害など緊急事態が起こった後で政令を作って対応するというやり方で大丈夫なのでしょうか。大災害を経験した地域の弁護士会は、災害対策のための緊急事態条項は必要ないという意見を表明しています。理由として、①災害に備える法律（災害対策基本法など）はすでに整備されており、それを災害時に使いこなせるような事前準備こそが大切であること、②災害現場の自治体に権限を与えるべきだ、といったことが挙げられています。

2018年の自民党改憲案の緊急事態条項は、2012年のとは別の書きぶりです。

2018年改憲案　73条の2

1　**大地震その他の異常かつ大規模な災害**により、**国会による法律の制定を待ついとまがない**と認める特別の事情があるときは、**内閣は**、法律で定めるところにより、国民の生命、身体及び財産を保護するため、**政令を制定**することができる。

2　内閣は、前項の政令を制定したときは、法律で定めるところにより、**速やかに**国会の承認を求めなければならない。

2018年改憲案　64条の2

大地震その他の異常かつ大規模な災害により、衆議院議員の総選挙又は参議院議員の通常選挙の適正な実施が困難であると認めるときは、国会は、法律で定めるところにより、各議院の出席議員の三分の二以上の多数で、その**任期の特例**を定めることができる。

2012年案の「……その他の法律で定める緊急事態」という言葉がなくなり、2018年案では「異常かつ大規模な災害」の場合に限定されていますが、内閣が立法権を持つのは同じです。国会のチェックが事後でよいことも同じで、「速やかに」という言葉が入ったものの、どれくらいの期間なら「速やか」なのかは書かれていません。

2018年改憲案にも、国会議員の任期延長の規定があります。大災害のために選挙がおこなえなくなって国会議員が不在になってしまったら困る、という理由です。ただ、そういう場合について、日本国憲法に次のような規定があります。

日本国憲法 54条

1 **衆議院が解散**されたときは、解散の日から**四十日以内**に、衆議院議員の総選挙を行ひ、その選挙の日から三十日以内に、国会を召集しなければならない。

2 衆議院が解散されたときは、参議院は、同時に閉会となる。但し、内閣は、国に緊急の必要があるときは、**参議院の緊急集会**を求めることができる。

3 前項但書の緊急集会において採られた措置は、臨時のものであつて、次の国会開会の後十日以内に、衆議院の同意がない場合には、その効力を失ふ。

衆議院解散の後に大災害が起こり、40日以内に総選挙をおこなえなくなった場合はどうすればよいでしょうか。総選挙を永久におこなわないというわけにはいきませんので、40日経過後であっても総選挙を実施するしかなく、それを憲法は許容している、という解釈が有力です。総選挙がおこなわれるまでのあいだは、参議院で「緊急集会」を開いて緊急の問題に対応することができます。

一方、衆議院議員が任期満了によって不在の場合については緊急集会の規定はありません。そういう場合に備える規定が必要だ、という考え方はあり得ます。ただ、実際には滅多にない任期満了と大災害が重なることは極めて稀であるうえ、そういう場合は54条2項を類推適用して緊急集会を開けばよいという解釈も有力です。

2018年改憲案の任期延長について、何年延長できるの

か制限がなく、これも「お手盛り」で長期間延長されてしまう懸念があります。選挙の「実施が困難」ではなく「適正な実施が困難」となっているため、できなくはないが適正にはできない、と国会議員が恣意的に判断する懸念もあります。

なお、新型コロナウイルスの感染拡大を受け、民主党政権時代の2012年に成立した新型インフルエンザ対策特措法を、新型コロナウイルスにも適用できるようにする法改正が2020年3月におこなわれ、この特措法に基づく「緊急事態宣言」が4月に発令されました。法律に基づく緊急事態宣言が功を奏したかどうかと、憲法に緊急事態条項が必要かどうかは、全く別の話です。混同しないよう注意が必要です。

(3) 合区解消のための改憲？

参院選では、都道府県が選挙区とされてきました。しかし、人口が少ないのに1人の議員を選出する鳥取・島根・徳島・高知各県の有権者の投票価値が高くなりすぎ、投票価値が不平等となっていました。各選挙区の有権者の数と、その選挙区から選出される議員の数の比は、できるだけ同じであるべきだという投票価値の平等は、法の下の平等（14条）の要請です（詳しくは拙著『檻の中のライオン』をご参照ください）。そこで、各選挙区の投票価値ができるだけ平等になるよう、2016年の参院選から、鳥取と島根、徳島と高知がそれぞれ1つの選挙区となり、2県から1人の議員を選出することになりました。いわゆる「合区」です。

自民党の「改憲4項目」の1つが、「合区」解消のための改憲です。

2018年改憲案　47条

両議院の議員の選挙について、選挙区を設けるときは、**人口を基本とし、行政区画、地域的な一体性、地勢等を総合的に勘案して**、選挙区及び各選挙区において選挙すべき議員の数を定めるものとする。参議院議員の全部又は一部の選挙について、広域の地方公共団体のそれぞれの区域を選挙区とする場合には、改選ごとに各選挙区において少なくとも一人を選挙すべきものとすることができる。

前項に定めるもののほか、選挙区、投票の方法その他両議院の議員の選挙に関する事項は、法律でこれを定める。

2012年の自民党改憲草案でも、日本国憲法47条「選挙区、投票の方法その他両議院の議員の選挙に関する事項は、法律で定める」の後ろに「この場合においては、各選挙区は、人口を基本とし、行政区画、地勢等を総合的に勘案して定めなければならない」と書き足し、人口以外を考慮に入れて投票価値の平等を後退させるような書きぶりになっています。

各都道府県から1人以上の議員を選出することになれば、投票価値の不平等が拡大します。不平等を解消するには、議員の総数を増やし、人口が多い選挙区から選出される議員の数を増やす方法がありますが、議員に支払う給与（歳費）などコストも増えます。投票価値の平等は憲法14条の要請で

すが、各都道府県から一人以上の議員を選出することは、現憲法上の要請ではありません（平成24年の最高裁判例もそのように述べています）。

国会議員は「全国民の代表」とされています（43条）。選挙区選出の国会議員は「各選挙区の代表」ではありません。すべての国会議員は、自分の選挙区の有権者のために仕事をするのではなく、過疎地も含めた全国民のために仕事をしなければなりません。この建前とも整合しません。改憲によって、参議院議員の位置づけを「全国民の代表」から「各都道府県の代表」と大きく転換させるのがよいことかどうか。国政において「都道府県」という単位がどれほどの意味を持っているのか。この改憲論の裏の意図が、「自分の党の議席を減らさないようにしたい」といった党利党略、私利私欲であれば論外です。

（4）教育充実のための改憲？

自民党は「教育の無償化・充実強化」を書き加えるために、改憲が必要だとも言っています。日本国憲法では、

日本国憲法 26条

1 すべて国民は、法律の定めるところにより、その能力に応じて、ひとしく教育を受ける権利を有する。

2 すべて国民は、法律の定めるところにより、その保護する子女に普通教育を受けさせる義務を負ふ。義務教育は、これを無償とする。

となっていますが、これをそのまま残し、3項を付け加えるのが自民党の改憲案です。

自民党改憲草案 26条3項

国は、教育が**国の未来を切り拓く**上で欠くことのできないものであることに鑑み、**教育環境の整備**に努めなければならない。

2018年改憲案 26条3項

国は、教育が国民一人一人の人格の完成を目指し、その幸福の追求に欠くことのできないものであり、かつ、**国の未来を切り拓く**上で極めて重要な役割を担うものであることに鑑み、

各個人の経済的理由にかかわらず教育を受ける機会を確保することを含め、**教育環境の整備**に努めなければならない。

まず、いずれの案も「国の未来を切り拓く」という言葉が入っています。本書の最初で、自民党改憲草案では「個人」と「国家」がひっくり返っていないかと指摘しました［p19］が、ここでも同じことが言えます。

2018年の案では、「経済的理由にかかわらず教育を受ける機会を確保する」という言葉が入っています。これについては、憲法改正ではなく法整備をし財源を確保すればできることです。また、現行26条に「その能力に応じて、ひとしく」とすでに書かれています。大変な政治的エネルギーやコストをかけてこのような改憲をすることにどれほどの意味があるのか疑問です。

改憲4項目については、山内敏弘『安倍改憲論のねらいと問題点』（日本評論社）が、外国との比較も交えながら法的問題点を明快に整理されており、お薦めです。辻村みよ子『憲

法改正論の焦点　平和・人権・家族を考える』（法律文化社）には、10ページに「憲法はライオンを閉じ込める檻の役割をしています」「檻に入れられた権力者はこれを嫌って好きなように憲法を改正できるように試みるのが常です」「憲法は、国民がたえず国家を縛るために、ライオンを制御するために作り上げた檻なのです」と書かれているのでご一読ください。法学セミナー編集部編『別冊法学セミナー　9条改正論でいま考えておくべきこと』（日本評論社）、永井幸寿『憲法に緊急事態条項は必要か』（岩波書店）なども参考にさせていただきました。

2 改憲の作法を知ろう

国民主権ですから、国民が憲法に関心を持ち、改憲について議論するのは結構なことです。しかし、議論をするうえでも「お作法」があると思います。改憲についてさまざまな意見の方がおられますが、共通の「土俵」の上で議論しなければ実のある議論はできません。右も左も立場を超えて次の点に留意し、議論をおこなうべきだと思います。

作法① まず憲法を学ぶこと

憲法とは何か、を知らないのに憲法を変えるかどうかの議論はできません。意見が異なる人同士でも、最低限の前提知識は共有しなければいけません。まずは、国民が憲法を学ぶことが出発点です。憲法の条文を読んだこともないのに、改憲の議論をしている方もおられませんか？条文を読むだけではなく、条文の背後にある考え方を理解することも不可欠です。

立場の違いを超えて議論できるように、政治的意見を書かず、最低限の前提知識をまとめたのが拙著『檻の中のライオン』です。ぜひご活用ください。

作法②　条文にどのような不備があるのか具体的に考えること

どの条文に不都合があり、それをどのように書きかえるのがよいか、具体的に考えなければなりません。そうすれば、意見は違ってもかみ合った議論ができることでしょう。

よく新聞などに「憲法を変えることに賛成ですか」というアンケートの結果が掲載されていますが、このような質問には答えようがありません。第〇条を×××と変えることに賛成か、という質問形式にしていただきたいものです。

「改憲派」「護憲派」という言葉がありますが、日本国憲法には第9条だけしかないかのような言い方であるうえに、「改憲派」の中にもいろいろあることを無視して2択にすることに無理があり、用語自体が不適切です。「改憲派」の中にも、「集団的自衛権も行使できるように改憲すべきだ」という意見や、反対に「集団的自衛権も個別的自衛権も行使できないことが明確になるように改憲すべきだ」など、右から左までさまざまな改憲論があるはずです。「自衛隊が個別的自衛権を行使できることには賛成だが、集団的自衛権は行使できなくてよい」という同じ意見の中にも、それを条文に明記すべきだという「改憲派」と、変える必要はないという「護憲派」がおられることでしょう。「改憲しなくても集団的自衛権を行使できる」という安倍政権は、改憲しなくていいというのだから「護憲派」ですか？　もうわけがわかりませんね。話を9条以外に広げればなおさらで、「改憲派か護憲派か」という2分類は無意味です。

改憲の議論は、たとえば「○○という政策が必要だが、憲法××条がそれを禁じている、だから××条を△△と改めるべきだ」といった形でなされるのが本筋です。

9条についても、「安全保障政策上、○○が出来た方がよいのに、憲法9条がそれを禁じている、だから9条改憲を」という形の議論であれば、かみ合った議論ができると思います。「日本が攻められたとき何もできない9条ではダメだ、だから改憲を」という意見を耳にしますが、日本が攻められたら個別的自衛権を行使できる自衛隊は1954年からずっと存在しており、何もできないわけではありません。憲法上、自衛隊に何ができて、何ができないとされているのか、政府解釈をふまえて議論をしたいものです。

また、「新型コロナウイルス対策のため罰則を伴う強制的な措置をとれるような法律を作るべきなのに、憲法がそれを禁じている」という言説もあります。しかし、そういう法律を作らなければ新型コロナウイルスの蔓延が収まらず国民の生命や健康を守れない、という社会的事実がもしあるなら、そういう法律は合憲です。人権は「公共の福祉」（12条、13条）つまり他の人の人権などとの調整のため制約を受けることはあります。そういう法律が必要なのに作られなくてけしからん、という場合は、改憲を主張するのではなく、そういう立法を怠っている政権を批判すべきです。

必要と考えられる政策が実現しない場合、何でも憲法のせいとは限りません。憲法が禁じているわけではないのに、政権がやるべきことをやっていないだけかもしれません。「檻の中のライオン」（憲法の枠内で行使される国家権力）が政治的課題に対処していくわけですが、ライオンがサボっているだけなのに、ライオンを批判するのではなく「檻を変えるべきだ」と改憲の議論になってしまう方もおられるように思います。

さまざまな憲法違反がまかり通り続けるような憲法でよいのか、ライオンをちゃんと縛れるように檻を補強すべきではないか、という改憲論もあり得ます。

日本国憲法は、①政治家には自制心があり、②国民は賢明さを備えていることを前提に書かれているように見えます。しかし２０１３年以降、①「ダメって書いてないんだからやっちゃえ」「ペナルティーが書いてないからやっちゃえ」「ダメって書いてあっても『解釈を変える』と言えばＯＫ」というような、ルールからはみ出さないようにする自制心を欠いた政治の動きが続き、②国民もそのような動きにさほど関心を示さず、おかしいと思ってもすぐ忘れ、そもそも憲法とは何かをきちんと教わったことがない、という状況ではないでしょうか。

本書で紹介した出来事をふまえ、政治権力がやっていいことと悪いこと、やっていいかどうかを判断する手続き、やっちゃダメなことをやった場合のペナルティーを憲法に明記する、といった改憲は検討に値すると思います。そういう改憲を与党が提案すれば、野党も賛成しやすいはずです。実は、自民党改憲草案の中にそういう条項があります。臨時国会の召集に関する53条に「要求があった日から二十日以内に」という言葉が入っており［p64］、合憲と違憲の線引きが明確になっています。自民党がそういう改憲論を積極的に提案しないのは、自分で書いている「20日以内」を自分で破ってしまっている後ろめたさがあるからでしょう。ルールは守らないといけないものだという前提を共有できなければ、ルールを変える議論も出来なくなってしまいます。

作法③ 改憲の回数や「押しつけ憲法」かどうかは問題にしないこと（作法②の裏返し）

改憲の回数を外国と比較し、外国ではたびたび改憲されているのに日本国憲法は一度も改憲されたことがないから、そろそろ改憲すべきだ、という言説がありますが、全くナンセンスです。回数を単純に比較して改憲の必要性に結びつけることはできません。改憲の回数に関係するのは、憲法の「長さ」です。日本国憲法は、諸外国の憲法と比べて「短い」憲法だそうです。つまり、抽象的な規定が多く、細かいルールはあまり書かれておらず、語数が少ないのです。日本国憲法には、「法律で定める」と法律に委ねている規定がいくつもあります。そのため、外国では憲法改正するところなのに、日本では法律を改正すれば済む、ということがあるのです。「長い」「細かい」憲法を持った国ほど、改憲の回数が多いようです。

「GHQに押しつけられた憲法だから改憲しよう」という言説もよく見かけます。これも、回数を比較する言説と同じく、現行憲法に何が書いてあるのかを問題にしていない点でナンセンスです。「押しつけだ」という意見に対して、「押しつけではない、なぜならば幣原首相が……」という議論をするのは自由ですが、これも生産的ではありません。押しつけられたものだとしても、内容に問題がなければ改憲の必要はありませんし、押しつけられたのではないとしても、改憲の必要はあるかもしれません。「押しつけだ」と熱くなっている方に対しては、それはその方の物見方なので尊重したうえで、「何を押しつけられたのか、まず現行憲法をよく読んでみましょう」という返し方がよいと思っています。改憲の議論においては、70年以上前に制定過程で何があったかを問題にするのではなく、日本国民は70年以上この憲法を使ってきた、という事実をふまえ、今どういう問題があるのか、これからどうするのか、未来に目を向けて議論すべきです。

２０２０年６月、自民党は、「憲法改正ってなぁに?」と題して、いくつかの４コマ漫画を発表しました。その中に、「ダーウィンの進化論」を持ち出し、「生き残るのは最も強い者ではなく、最も賢い者でもなく、変化できる者。だから改憲を」という趣旨のことが書かれていました。進化論の専門家によるとダーウィンはそんなことは言っていないそうですが、それはともかく、これも条文の中身を全く問題にしていません。「生き残るのは変化できる者。だから政権交代を」とでも何でも使える、中身のない言説です。改憲について真剣に誠実に考えてもらおうとする態度ではないと言わざるを得ません。

作法④ 基本原理の「改正」は法的にできないこと（憲法改正限界論）

96条の改憲手続きに基づきさえすれば、たとえば「国民主権やめよう」という改憲も法的に可能でしょうか。憲法解釈上争いがありますが、次のように考えるのが通説です。

①国民主権［国民の憲法改正権、p24］に基づいて国民主権を否定するのは自殺行為なので、「国民主権やめよう」という改憲は不可能。②生まれながらの人権を守るための国民主権［p24］ですから、「人権尊重やめよう」も不可能。③「平和主義やめよう」も不可能（ただし9条2項の改正は可能）。④96条の「3分の2」を「過半数」に変える［p28］のも不可能、とする見解が有力です。改正に限界があることは、前文1段「これに反する一切の憲法……を排除する」に表れています。「枝」「葉」を変える改憲はあり得ますが、「根」「幹」を変えてはいけません［p38］。

このような法的に不可能な改憲が実際におこなわれてしまった場合、それは「憲法改正」ではなく「革命」となります。

机上の空論などと笑ってはいられません。「天賦人権やめよう」「民主主義やめよう」「硬性憲法やめよう」という「憲法改正」案を提示する政党が政権を維持しつづけています。

作法⑤　政権側からの、権力を広げる方向の改憲論には注意すること

政権の側から「憲法を変えたい」という話が出ているときは注意が必要です。「檻の中のライオン」が檻を変えたがっているということは、ライオンにとって都合のいい檻にしようという話ではないだろうか？と疑う視点が必要です。ライオンは「俺に都合のいい檻にしたい」「檻が邪魔だから外に出やすい檻に変えてくれ」などと、あからさまには言わないものです。「憲法を変えても、何も変わりませんから」「国民の皆さんを守るためですから」などと言っていても、それを鵜呑みにせず、本当かどうかそれぞれ自分の頭で考えてみなければなりません。立憲主義は、「権力を疑う」という考え方で成り立っています。

安倍首相は改憲について「挑戦する」とか「私の手で成し遂げる」などという言い方をしていますが、憲法改正権は国民にある、という国民主権の意味［p24］を理解されているのか疑問です。なお、私の講演会場で「総理大臣が改憲したいと発言することは憲法尊重擁護義務（99条）に反するのではないか」という質問をよく受けます。

現行憲法を遵守しなければならないことと、現行憲法の問題点を検討して改憲の議論をする

ことは別の話です。内閣総理大臣がきちんとした改憲論を提示することもあり得ます。国会が改憲の発議をする（96条）のですから、国会議員でもある内閣総理大臣が改憲について発言すること自体が99条に反するわけではありません。政府も一貫してそのように答弁しています。

ただ、内閣総理大臣が立憲主義を理解しないで非立憲的な改憲を煽動したりするようなことがあれば、99条違反といってもよいかもしれません。とはいえ、「99条違反だ」と言ってみたところで法的なペナルティーはなく、裁判所が違憲判決を下すこともありません［p133］ので、99条違反かどうかを厳密に論じてもあまり実益はありません。国民の側が、総理大臣が憲法に関しておかしなことを言っているな、支持できないな、と察知できるかどうかという問題です。

作法⑥　自分と違う意見にも耳を傾け、理性的に議論すること

ついつい同じ意見の人の話ばかりに耳を傾けてしまいませんか？　意見や立場の違う人がどういう考えなのか理解しようとすることも大切だと思います。

右から左へ「憲法9条を拝んでいるだけでは平和は来ない」。

左から右へ「憲法9条を変えて戦争をしようとしている」。

などという言説を見かけますが、いずれも、相手の意見をよく理解しないで批判しているように見えます。９条を変えなくてよいという意見の人は、９条をただ拝んでいたらいいと言っているのではないはずです（そういう人もいるかもしれませんが）。９条を変えるべきだという意見の人は、戦争したいと思っているのではないはずです（そういう人もいるかもしれませんが）。

ＳＮＳを見ていると、意見が違う人に対して汚い言葉を浴びせる方や上から目線でお説教する方などをよく見かけますが、政治的立場が違うように見えても、よく話をしてみれば、同じところやわかり合えるところが見つかったりするものだと思います。自分の間違いや足りないところに気づくこともあるかもしれません。意見の異なる人とも理性的に議論することが大切だと思います。

ただ、意見をぶつけ合うにはお互い共通の「土俵」に上がることが前提です。意見は違っても、立憲主義という土俵は共通でなければなりません。「土俵の外で場外乱闘やったっていいじゃないか」というような「上と下がひっくり返った」意見（非立憲主義）では、右と左で対等にぶつかり合うことはできません。最近はそういう意見がまかり通り、共有すべきところができなくなっているのが問題だと思います。たとえば「日本はすばらしい国だから日本では権力が濫用されることはあり得ない」という意見などです。本書は「みんな同じ人間ですね」から出発しました。いくら意見や立場が違っても、そこまで遡れば同じです（そこすら共有できないのが自民党改憲草案）。共通の土俵の上に上がるだけでも、それなりの勉強が必要です。土俵に上がれていないのに相撲を取っている気分の方もおられると思います。まずは作法①「憲法を学ぶ」ことが前提です。

作法⑦ 普段から考え、改憲が発議されたら投票に行くこと

憲法改正国民投票法について解説しておきましょう。憲法96条には、①国会で改憲発議、②国民投票という手続きが書かれていますが、細かいことは「日本国憲法の改正手続に関する法律」（以下「国民投票法」といいます）で定められています。2007年、第1次安倍政権下で成立した法律です（参照：南部義典『Q&A解説 憲法改正国民投票法』現代人文社）。

国民投票は、改憲が発議された後、最短で60日、最長でも180日以内に実施されることになっています。しかし、たった数カ月で賛否を判断できるでしょうか。この期間が短すぎないかという問題があります。発議されてから考え始めるのでは遅いかもしれないので、普段から考えてみることが大切です。

改憲発議がなされれば、改憲について意見を表明するテレビCMが流れるかもしれません。テ

レビＣＭで改憲の内容について詳しく解説できないでしょうから、起用されたタレントの好感度とか、短いキャッチフレーズとかによる漠然としたイメージだけで世論が動くかもしれません。普段から理性的に考える訓練をしていなければ、ついイメージに流されてしまうのではないかと思います。改憲の是非が、改憲案の内容ではなく、テレビＣＭをたくさん流せる資金力で決まるようでは問題です。国民投票法では、投票前の14日間だけはＣＭの規制がありますが、それまでは規制がなく、規制を設けるべきではないか、という議論がなされています。

憲法96条には改憲の要件として国民投票で「過半数の賛成」と書かれていますが、何の過半数かは書かれていません。有権者の過半数？　投票総数の過半数？　これについて、国民投票法では有効投票の過半数とされています（条文上は「投票総数」ですが無効票は除外される）。つまり、投票に行かない人が多ければ、ごく一部の意見で改憲が決まってしまうかもしれないということです。国民投票法には、一定の投票率に達しないと投票を不成立とする「最低投票率」や、有権者の一定割合が賛成しないと不成立とする「最低絶対得票率」の規定もありません。法律の定め方には議論がありますが、法律以前に、みんなが、憲法に関心を持ち投票に行くような国民であってほしいと思います。

7

立憲主義を守るために——国民の不断の努力

1　国民の不断の努力

最終章のテーマは、12条「不断の努力」です。

日本国憲法　12条前段〈国民の不断の努力〉

この憲法が国民に保障する自由及び権利は、**国民の不断の努力**によつて、これを保持しなければならない。

自分の権利を守るには、自分で努力しなければならないということです。私たち一人ひとりが主役であり、この国のあり方を決める力、憲法を作ったり変えたりする力を持っています［国民主権、p24］。ということは、私たち一人ひとりが、しっかりしていなければいけません。「憲法ってなんだっけ？」という国民ばかりでは、国民主権といっても絵に描いた餅ですし、改憲の議論をすることも難しいことになるでしょう。

立憲主義を守るために、**知る→考える→行動する**、ことが必要です。

〈知る〉まず憲法を学ぶこと。政治に関心を持ち、時事問題を知る努力をすること。

〈考える〉自分の頭で考えること。

〈行動する〉意見を述べる、議論する、投票に行く、など行動すること。

この3拍子が揃って、一人前の主権者だと思います。これらすべてを自由にできることを、憲法が保障しています。

〈知る〉学習権（26条）、知る権利（21条）など

〈考える〉思想良心の自由（19条）など

〈行動する〉表現の自由（21条）、選挙権（15条）など

しかし、3つとも意識されていない方も多いのではないでしょうか。

憲法も時事問題もよく知らないけど「うちは代々〇〇党」「うちの会社・団体は〇〇党」「友だちに頼まれた」などと言って投票に行く方、おられませんか？「お金をもらったから」という方までいらっしゃるようです〔河井克行・案里夫妻事件、p181〕。

家や団体が投票するのではありません。誰と親しくしているかは、国政のあり方とは何の関係もありません。

ここで、「選挙権の法的性質」という憲法解釈上の論点を確認しておきましょう。選挙権は、①個人の「権利」であるだけでなく、②公務員を選ぶ「公務」でもあると考える「二元説」が通説です。

ということですので、「友だちに頼まれた」といった私的な理由で「公務」をおこなうのは、公私混同というべきでしょう。

所属団体の言うとおりにしなくてよい、という最高裁判例もあります。「選挙においてどの政党又はどの候補者を支持するかは、投票の自由と表裏をなすものとして、組合員各人が市民としての個人的な政治的思想、見解、判断ないしは感情等に基づいて自主的に決定すべき事柄である」として、労働組合出身の立候補者の選挙活動について、組合員の協力義務を否定しました（最判昭和50年11月28日）。

誰に指示されようが頼まれようが、日頃から自分の頭で政治のことを考え、自分の信念に基づいて投票し、どこに投票したかは黙っていればよいのです。黙っていればわかりませんし、依頼に背いた投票をしても責任を問われることはありません。憲法にそう書いてあります。

日本国憲法　15条4項〈投票の秘密〉

すべて選挙における**投票の秘密**は、これを侵してはならない。選挙人は、その選択に関し公的にも私的にも責任を問はれない。

政治権力が憲法違反をしていたら、①声を上げる・投票行動をする（民主主義のブレーキ）、②訴訟を起こして違憲判決を出してもらう（権力分立のブレーキ）、いずれかです。②は簡単ではないので、①が大事です。

私の講演会場で、「政治家が憲法違反をしたら罰則はないのですか？」という質問をよく受けます。

憲法は刑事法ではありませんから、憲法違反をしたら懲役何年などということはありません。「誰かが罰してくれる」のではありません。憲法を守らないといけないのは政治家、守らせるのは私たち。罰するのは私たちです。（なお、刑法77条「……その他憲法の定める統治の基本秩序を壊乱することを目的として暴動」したら内乱罪という規定はあります。「暴動」などが要件ですので簡単には適用できませんが、安倍首相を「内乱予備罪」で刑事告訴した方がおられるようです。）

権力を適切にコントロールするためには、みんなが投票することが大切です。「みんな見てるぞ」となれば「ちゃんとやらなきゃ」となるはずですし、同じ当選でも「楽勝」と「辛勝」では違うはずです。

かわいい我が子であっても悪さをしたら叱らないといけないこともあるように、いくら長年支持してきた政党であっても、悪さをしたときは叱って、ルールを守る政党になってもらおうとすることも必要だと思います。

「投票したい人・政党がない」ということもあると思いますが、限られた選択肢の中で相対的に一番マシな選択をするしかありません。特に、選挙区で１人を選ぶ小選挙区制（衆院選と、参院選の１人区）は、意中の人を選ぶというより、「大ざっぱにどっちの方向がいいか」を選ぶもので、「どっちもイヤ」なんて言わずに、細かいことには目をつぶってどちらかを選びましょう、と有権者に妥協を求める選挙制度です［p１０９］。

若い世代の投票率が低いようですが、それでは若い世代のための政治はおこなわれにくくなります。まだ投票したことがない若い方も、とりあえず投票に行ってみれば、関心も生まれてくるかもしれません。判断ミスはつきものです。投票先を間違えたな、と思ったら、次の選挙で生かせばよいのです。

投票ばかりではありません。私たちの声で政治を動かすこともできます。最近では、検察庁法改正案について、Twitterで「#検察庁法改正案に抗議します」というツイートが大量に広がり、結局廃案となったという事例がありました［p１３１］。私たちの声は、ブレーキにもアクセルにもなります。

一人ひとりが「知る→考える→行動する」を実践していきましょう。

権力に抵抗する権利がある——抵抗権

最後に、少し過激な話をしましょう。第1章で解説した「社会契約説」［p20］は、私たちが生まれながらに持っている権利を守ってもらうために政府に政治を委ねる、という考え方でした。さらに続きがあり、政府が私たちの権利を侵そうとした場合は実力で（違法な手段を使ってでも）政府に抵抗できる、とされています。これを「抵抗権」といいます。

最近、抵抗権が問題になった裁判例があります（東京地判平成27年2月24日）。特定秘密保護法案［p43］に抗議するため、同法案を審議中の参議院本会議場の傍聴席からスニーカー1足を投げ入れた人が、威力業務妨害罪で起訴された刑事裁判です。そこで弁護人が主張したのが抵抗権でした。憲法違反の法律の成立を阻止するため、やむにやまれずスニーカーを投げたのだから、正当な抵抗権の行使であり、被告人は無罪である、と主張したのです。この主張に、裁判所は次のように答えました。

「仮に抵抗権の行使が実定法上の罪の違法性を阻却するとの見解に従うとしても……本件当時、民主主義の基本秩序に対する重大な侵害が行われ、憲法の存在自体が否認されようとしており、しかも、その不法が誰の目からみても一義的に明白であって、かつ、憲法、法律によって定められた一切の法的手段がもはや有効に目的を達する見込みがないなど、抵抗権の行使が認められるような極限的な状況になかったことは明らかである」

このように、結論は有罪判決となりましたが、そのような「極限的な状況」があれば、抵抗権の行使が認められる（靴を投げることが許される）場合がありうるような言い方をしています。違法行為になりますので、抵抗権を使ってみようとしてはいけませんが、究極的にはそんなこともありうるくらい、「自分の権利は自分で守る」という意識を持つことが大切だということです。

2 学校での憲法教育・主権者教育について

憲法について最低限の知識を共有し、憲法の基本原理が機能していくためには、学校教育の役割が重要です。

憲法26条（教育を受ける権利）について、最高裁は、「この規定の背後には、国民各自が、一個の人間として、また、一市民として、成長、発達し、自己の人格を完成、実現するために必要な学習をする固有の権利を有すること、特に、みずから学習することのできない子どもは、その学習要求を充足するための教育を自己に施すことを大人一般に対して要求する権利を有するとの観念が存在している」と述べています（旭川学力テスト事件、最判昭和51年5月21日）。

このような「学習権」を満たす教育でなければなりません。公教育において、憲法の基本原理を理解し、世の中の動きに関心を持ち、自分の頭で考え、異なる意見の人と理性的に議論したり投票に行ったり、政治的行動ができる（知る→考える→行動する）主権者を育成することを、憲法26条が要求しています。公教育がその使命を果たさないことには、国民主権や民主主義は機能しません。

しかし、長年にわたって、それが出来てこなかったのではないでしょうか。

まず、教科書に問題があると思います。小学6年生の社会科教科書には憲法について書かれていますが、公務員が憲法を守らないといけないことは書かれておらず、国が政治をやってくれてありがたい（社会権の説明ばかり）、私たちは他の人の人権を守って義務を果たそう、といった調子です。権力分立については、単に「役割分担」としか書かれていなかったりします。詳しくは、インターネット上の拙稿「小学6年社会科教科書における憲法の記述の問題点」（法学館憲法研究所「今週の一言」2017年8月7日）をご一読ください。

さらに、各地の教員採用試験の過去問集を買い集め、憲法に関する出題例を分析してみたところ、条文の虫食い穴埋めのような単純な知識を問う形式が多数です。出題分野にも大きな偏りがあり、「内閣」「国会」あたりの細かい条文が頻出です。99条などは出題されません。受験生は過去問をふまえて受験対策をするはずですから、教員を志す学生も、基本原理を理解するような勉強ではなく、些末な知識を暗記するような勉強をしているはずです。教員養成課程に大きな問題があると思います。

条文やら難しい用語やらをただ暗記して、テストが終わったら忘れていくような勉強では意味がありません。憲法前文や個々の条文を一言一句暗誦させる、という教え方をする先生もいらっしゃるようですが、条文を暗記する必要は全くありません。学校で「憲法の全条文を書き写せ」という課題が出たという話も聞いたことがあります。「覚えよ」「書き写せ」では教える側に知識もスキルも必要なく、教わる側も頭を使う必要がありません。時間は有限ですから、そんなことをしていたら本質的な勉強をする時間がなくなるはずです。

重要なのは、「なぜそんな条文があるのか」「なぜ憲法があるのか」「なぜ憲法を学ぶのか」といった、条文に書かれていないところを「理解」することです。

ある高校で全校生徒に講演したあと、全員からの感想文が届きました。「なぜ憲法があるのか、誰のためにあるのか、といったことは考えたことがなかった」といった嬉しい感想もありましたが、「弁護士は憲法を全部覚えているのですか?」というような、憲法の勉強＝憲法の条文の暗記、という発想から抜け出せない生徒がたくさんいました。いちばん多かった感想は「憲法を守らないといけないのは公務員だと知ってびっくりした」というものでした。

学校で憲法や政治を教えることについて、「偏っている」などというクレームを恐れて、教員の側が及び腰になっていたりするのかもしれません。しかし、憲法は、学校で教えてはいけないのではなく、教えなければならないものです。

私は、全国あちこちの小学校、中学校、高校、短大、さらには大学法学部の憲法の授業やゼミにも呼んでいただいて、「檻の中のライオン」の出前授業をさせていただいています。書籍『檻の中のライオン』は政治的立場が分かれる以前の前提知識を解説しているものですし、学校の短い授業時間では時事問題に触れる時間もありません。が、いろいろ事件はあり……。

ある小学校では、6年生に出前授業をすることになっていたのに、誰かから学校にクレームが入り、数日前になって急遽中止になってしまいました。「憲法の授業をするなんて右なのか左なのか、偏っているに違いない」などと思われたのではないかと想像します。

ある高校から講師依頼をいただいた後、担当の先生からメールをいただきました。「国家権力」「憲法9条」について強調しないでほしい、と管理職の先生がおっしゃっているとのことでした。憲法は国家権力を制御する法ですから、国家権力に触れずに憲法の話はできません。憲法9条についてはさまざまな意見の方がいらっしゃいますが、「政治的に意見が分かれる問題については学校で触れるべきではない」という考え方には問題があります。これについては、日本弁護士連合会ホームページに掲載されている「あるべき主権者教育の推進を求める宣言―民主的な社会を担う資質を育むために―」（日本弁護士連合会、2016年10月7日）をご一読ください。

ところで、私の講演でよくある質問に、「選挙で立候補する際に憲法のテストを課すべきではないか」というのがあります。問題意識は理解できます。しかし、「立候補の自由」は、選挙権と表裏の関係にあるとして、憲法15条1項で保障されると解するのが最高裁判例です。そのため、一定の試験に合格しないと立候補できないという法律は違憲の疑いがあります。本来、小中学校で憲法を教わるはずですから、改めてテストする必要はないはずなのです。憲法を知っていないといけないのは議員だけではなく国民みんなです。憲法をよくわからなくても選挙権や被選挙権を手にすることができてしまうような教育システムではいけません。

主権者教育に関しては、『スウェーデンの小学校社会科の教科書を読む　日本の大学生は何を感じたのか』（ヨーラン・スバネリッド著、鈴木賢志・明治大学国際日本学部鈴木ゼミ編訳、新評論）、『法学教室』誌（有斐閣）の連載「探検する憲法―問いから始める道案内」（吉田俊弘・横大道聡）の「第8回　憲法をどう教えるか（2018年11月号、458号）」「第14回　人権をどう教えるか」（2019年5月号、464号）、「第21回　どのように主権者を育てるのか」（2019年12月号、471号）をお薦めします。

あとがき

　ルールに基づいて政治をするのか、ルールに基づかないで政治をするのか。つまり「立憲か非立憲か」が政治の対立軸となっています。本書で、数多くの「憲法違反」「非立憲的な動き」をご紹介しました。「総花的」ではなく、花や葉（時事問題）も、枝（条文）を通り、幹（基本原理）を通り、１つの根っこ（個人の尊重）まで繋がっている、ということを読み取っていただけたら幸いです。

　時事問題の数が多いため、憲法の条文をたくさんご紹介することとなりました。花や葉は移り変わっても根や幹や枝は変わりません。枝ぶりを変える改憲論は考えられますが、根や幹を変えてはいけません。『檻の中のライオン』とあわせて、「憲法の教科書」として活用いただけたらと思います。

　一般的な憲法の教科書では、統治機構の部分は「国会」「内閣」「裁判所」……という章立てになっていますが、本書では「立憲主義」（第１章）、「民主主義」（第２章）、「権力分立」（第

3章）という基本原理で章立てしました。切り分けが難しい部分もありましたが、「基本原理から考える頭を作っていただく」「ざっくりしたことを、わかりやすく伝える」ための工夫です。統治機構の基本原理について、憲法の教科書では「統治機構の基本原理は国民主権と権力分立である」（芦部信喜『憲法』第7版、岩波書店、p297）、「統治機構は民主主義と権力分立原理に基づいて組織される」（同p378）、「人権保障に最も適した統治機構の構成原理が……「法の支配」「権力分立」「国民主権」の三原理である」（野中俊彦・中村睦雄・高橋和之・高見勝利『憲法II』第5版、有斐閣、p3）などとされています。

このような統治機構によって、「平和主義」（第4章）や「基本的人権」（第5章）が侵されない政治がおこなわれ「個人の尊重」（13条）が実現される、というのが憲法の全体像です。読み終わってごちゃごちゃした感じがしている方は、「目次」を眺めて全体を俯瞰してみてください。

基本的人権の各論的なテーマについてはさまざまな時事問題がありますが、本書にはほんの一部しか盛り込みませんでした。他にも漏れている時事問題はあると思います。お許しください。

基本原理で章立てした結果、と言いましょうか、「天皇」という章も見出しもありません。憲法の原理原則（民主主義とか法の下の平等とか）からいうと「例外」に位置づけられる事柄ですので、まず原理原則を理解することが先だと思います。立場を超えて憲法の基本原理を共有することが目下の重要課題ですので、思想の違いが鮮明に表れるテーマには立ち入らないことにしています。このテーマは右にも左にも熱い思いをお持ちの方がおられ、私も講演の質疑で当惑した経験が何度かあります。

このような私の態度を痛撃する、石川健治東大教授のご指摘もご紹介しておきます。「統治機構を勉強するときに、教科書の天皇制のところは飛ばして読んでしまう方も多いようですが、それでは結局、日本の統治機構を勉強したことにはなりません。……いろいろ面倒な問題を含んでいるからといって天皇論を疎かにしていると、いずれつけが回ってくることになるはずです」（樋口陽一・石川健治・蟻川恒正・宍戸常寿・木村草太『憲法を学問する』有斐閣、p１１９）。その意味するところは十分理解できていませんが、本書では、天皇の国事行為の性格をどう理解するかが衆議院解散権の問題に関わってくることは解説しました。その他の問題については、堀新弁護士の『13歳からの天皇制』（かもがわ出版）をご紹介しておきます。

単なる政治的意見にならないよう、憲法の条文から法的に導ける範囲のことを書いたつもりです。相撲でいうと土俵の整備や相撲のルールの普及、つまり憲法の基本原理が機能する前提を整えることを意図しています。ここは法律家が役割を果たさなければならないと思います。

力士がどんな技を繰り出すのか、つまり憲法の「枠」の中で具体的にどういう政策をとるかなどについては、憲法から直ちに答えが出てくるわけではありません。憲法の本である本書には、そこは書いていません。民主主義ですから、みんなで考える事柄です。政治家全体が劣化しているなどと言われたりもしますが、政治家を選んでいるのは国民です。まず国民みんなが憲法を理解し、主権者としての自覚を持つことが出発点です。

本書の中で、憲法の規定と実際の政治の動きのズレをたくさん指摘しました。これをふまえて、政治をどうするのか、憲法をどうするのかについては、百人百様の意見があるはずです。同じ「土俵」を共有した上で、異なる意見を理性的に戦わせ、民主主義を形ばかりではなく実を伴ったものにしていきたいものです。

『檻の中のライオン』でも本書でも、「政治的立場の違いを超えて共有できること」という言い方をしています。そんなの共有できない、という方はいらっしゃるでしょうか。立憲主義や、その前提である「個人の尊重(個人主義)」といった考え方自体に抵抗感がある方は、「非立憲主義」「国家主義」「全体主義」「専制主義」というような、「右」というより「上」(憲法)と下(国家権力)がひっくり返った」思想をお持ちなのかもしれません。そのような、憲法秩序そのものを否定する思想や言論に対して、日本国憲法はどのような態度をとっているでしょうか。

公務員には憲法尊重擁護義務があります(99条)から、公務員が憲法を否定するような考え方で仕事をすることは許されません。一方、99条に「国民」は書かれていません。ということは、憲法そのものを否定する国民に対して、日本国憲法は寛容な態度をとっている、とみることができます。この点、ドイツでは「憲法の敵には憲法上の保障を与えない」「自由の敵には自由を与えない」という考え方(たたかう民主制)が採られていますが、日本国憲法はそういう考え方を採らず、「非立憲主義者」の自由も優しく守っているのです。(渡辺康行「『たたかう民主制』論の現在—その思想と制度」石川健治編『学問/政治/憲法　連環と緊張』、岩波書店を参照)。

とはいえ、そういう方ばかりになると憲法秩序は成り立たなくなります。『檻の中のライオン』も本書も、「みんな人間」[p12]を出発点として全体を組み立てていますので、同じ人間同士、共有できないはずはないと思っています。

共有できない、といえば、檻とライオンの比喩がお気に召さない方はいらっしゃいます。『檻の中のライオン』刊行後、インターネット上でさまざまなご意見を見かけました。多くは好意的なものですが、そうでないものもあります。「ライオンを檻に入れるなんてひどい」という動物愛護の方。「鎖につながれた犬、にするべきだ」などとおっしゃる方。「権力を猛獣に例えるのはサヨクだ」「権力を檻に入れるなんてサヨクだ」という非立憲主義者の方。反対に「ライオンのイラストがかわいすぎる。もっと恐ろしい感じに」という反権力の方。タイトルと表紙のイラストを見ただけで本の中身を読んでいないと思われる方が、本の論評をされているのを見かけることもあります。論評対象を読んだうえで論評するのが知的で誠実な態度です。

難しいことを、よく知らない人にわかりやすく伝えるのは、難しいことです。いくら「理論的に正確な」言い方をしても、伝わらなければ意味がありません。比喩だけですべてを説明できるわけではありませんが、この比喩は「ざっくりした理解を」「多くの人に」「短い時間で」伝えることのできる、有用なツールだと思います。

最近の政治の問題は、「A力士とB力士どちらを応援するか」というより「土俵が壊れていないか」だと思います。相撲に関心がない人に「A力士はダメだ」と叫ぶより、「相撲って面白いからルールを知ってみませんか」と語りかける方が効果的ではないかと思います。

「共有すべきこと」「意見が違っても仕方ないこと」を区別し、「自分の意見」は抑えめにして「共有すべきこと」を発信する方が、より多くの人に広がるのではないでしょうか。そして、「かわいく」「楽しく」の方が広がると思います。『檻の中のライオン』の本や講演活動は、そういう考えで広げてきました。「親しい人でも政治の話はしづらい」という方も、これなら薦めやすいのではないかと思います。

『檻の中のライオン』や本書の内容をいちばん必要としているのは、このような本に関心がない方です。関心のない方に読んでいただくには、関心を持って読んでくださった皆様のお力が必要です。ありがたいことに、『檻の中のライオン』は、全国たくさんの読者や講演参加者の方々が、さまざまな方法で広げてくださっています。自ら講演主催者に名乗りを上げ、一生懸命人を集めてくださる方。講演2回目の参加のときはお友だちを誘ってきてくださる方。そうやって10回以上来てくださる方。Facebookページや Twitter「檻の中のライオンプロジェクト」を好意で運営してくださっている方（いいね、フォローお願いします）。その他インターネットで拡散してくださる方。本のチラシを配ってくださる方。オリジナルリーフレットやグッズを作ってくださる方。授業で活用してくださる先生。本をたくさん購入してあちこち寄贈してくださる方。公立図書館に入れてもらえるようリクエストしてくださる方。「檻の中のライオン」の紙芝居を制作してくださる方（これをきっかけに紙芝居は出版に至りました）。紙芝居を使ってくださる方。『けんぽう絵本 おりとライオン』の読み聞かせをしてくださる方。YouTube用動画を編集してくださる方。檻の中のライオンクリアファイルをたくさん買って配ってくださる方。「檻の中のライオン」Tシャツを着て歩く方。『檻の中のライオン』を自宅に1冊置いておいたら、政治の話などしたこともなかった家族の方が手に取って読み始め、突然政治の話をし始めたという報告もいただいています。いくら感謝してもしきれません。本書を手にとってくださった皆様も、「ちょっとこれ読んでみて」などと周りに広げてくだされば、著者としてこんな嬉しいことはありません。

このあとがきを執筆中、安倍首相が辞任を表明しました。これにより、内閣は総辞職することになります（70条）。図らずも安倍政権下の憲法問題を最初から最後まで振り返る本となりました。この区切りの段階で筆を置くこととします。なお、安倍政権より前には問題がなかったということではありません。「〇〇政権もやっていたではないか」などと思った方は、誰かがやっていたかどうかではなく、憲法の条文や基本原理から考えることを意識してみてください。

執筆にあたり、たくさんの文献を参考にさせていただきました。あれこれ調べながらの執筆作業はとても大変でしたが、私自身も勉強になりました。

時事問題については、私が直接取材したものではなく、本文中でご紹介した文献や、新聞社のインターネット記事などを参考に、ポイントを短くまとめたものです。

憲法論については、まず逐条解説書として、長谷部恭男編『注釈日本国憲法（2）』『同（3）』（有斐閣）、芹沢斉ほか編『新基本法コンメンタール憲法』（日本評論社）を参照しました。

体系書・概説書としては、芦部信喜『憲法』（岩波書店）、高橋和之『立憲主義と日本国憲法』（有斐閣）、野中俊彦・中村睦雄・高橋和之・高見勝利『憲法Ⅱ』（有斐閣）、浦部法穂『憲法学教室』（日本評論社）、伊藤正己『憲法』（弘文堂）、佐藤幸治『日本国憲法論』（成文堂）、芦部信喜『憲法学Ⅰ Ⅱ Ⅲ』（有斐閣）のほか、最近刊行された薄めの教科書、片桐直人・井上武史・大林啓吾『一歩先への憲法入門』（有斐閣）、曽我部真裕・横山真紀編『スタディ憲法』（法律文化社）などにも目を通しました。政府解釈については阪田雅裕『政府の憲法解釈』『憲法9条と安保法制―政府の新たな憲法解釈の検証』（有斐閣）に基づいています。

論考集的な書物としては、文中で紹介したもののほか、ちょうど本書執筆中に、駒村圭吾・待鳥聡史編『統治のデザイン　日本の「憲法改正」を考えるために』（弘文堂）、宍戸常寿ほか編『戦後憲法学の70年を語る　高橋和之・高見勝利憲法学との対話』（日本評論社）という大変参考になる本が出版されたのは幸運でした。月刊『法学教室』（有斐閣）２０１８年４月号（４５１号）〜２０２０年３月号（４７２号）吉田俊弘・横大道聡「探検する憲法―問いから始める道案内」全24回の連載も私にとってタイムリーでした。紹介しきれませんが、他にもいろいろ目を通しました。

本書のタイトルについては、全国の皆様からたくさんのご意見をいただき、それをふまえて『檻を壊すライオン』としました。今回も、今井ヨージさんが素敵なイラストを描いてくださり、かもがわ出版の皆川ともえさんは膨大な編集作業をしてくださいました。皆様に厚く御礼申し上げます。

今後の最新情報などは、「檻の中のライオンプロジェクト」Facebook ページと Twitter、私の Facebook・Twitter・YouTube チャンネルなどをご覧ください。

本書が、「知る」「考える」の一助となれば幸いです。あとは、皆様一人ひとりが「行動する」かどうかにかかっています。

資料

日本国憲法

日本国民は、正当に選挙された国会における代表者を通じて行動し、われらとわれらの子孫のために、諸国民との協和による成果と、わが国全土にわたつて**自由のもたらす恵沢を確保**し、**政府の行為によつて再び戦争の惨禍が起ることのないやう**にすることを決意し、ここに**主権が国民に存する**ことを宣言し、**この憲法を確定する**。そもそも国政は、国民の厳粛な信託によるものであつて、その権威は国民に由来し、その権力は国民の代表者がこれを行使し、その福利は国民がこれを享受する。これは人類普遍の原理であり、この憲法はかかる原理に基くものである。**われらは**、これに反する一切の憲法、法令及び詔勅を排除する。

ページ数
19
137
153
221

日本国民は、恒久の平和を念願し、人間相互の関係を支配する崇高な理想を深く自覚するのであつて、平和を愛する諸国民の公正と信義に信頼して、われらの安全と生存を保持しようと決意した。**われらは**、平和を維持し、専制と隷従、圧迫と偏狭を地上から永遠に除去しようと努めてゐる国際社会において、名誉ある地位を占めたいと思ふ。**われらは**、全世界の国民が、ひとしく恐怖と欠乏から免かれ、**平和のうちに生存する権利**を有することを確認する。

われらは、いづれの国家も、自国のことのみに専念して他国を無視してはならないのであつて、政治道徳の法則は、普遍的なものであり、この法則に従ふことは、自国の主権を維持し、他国と対等関係に立たうとする各国の責務であると信ずる。

日本国民は、国家の名誉にかけ、全力をあげてこの崇高な理想と目的を達成することを誓ふ。

第1章　天皇

第1条　天皇は、日本国の**象徴**であり日本国民統合の**象徴**であつて、この地位は、**主権の存する日本国民**の総意に基く。　25

第2条　皇位は、**世襲**のものであつて、国会の議決した皇室典範の定めるところにより、これを継承する。

第3条　天皇の国事に関するすべての行為には、**内閣の助言と承認**を必要とし、内閣が、その責任を負ふ。　111

第4条　①天皇は、この憲法の定める国事に関する行為のみを行ひ、**国政に関する権能を有しない**。　111

②天皇は、法律の定めるところにより、その国事に関する行為を委任することができる。

第5条　皇室典範の定めるところにより摂政を置くときは、摂政は、天皇の名でその国事に関する行為を行ふ。この場合には、前条第一項の規定を準用する。

第6条　①天皇は、国会の指名に基いて、内閣総理大臣を任命する。
②天皇は、内閣の指名に基いて、最高裁判所の長たる裁判官を任命する。

120

第7条　天皇は、内閣の助言と承認により、国民のために、**左の国事に関する行為**を行ふ。
一　憲法改正、法律、政令及び条約を公布すること。
二　国会を召集すること。
三　**衆議院を解散**すること。
四　国会議員の総選挙の施行を公示すること。
五　国務大臣及び法律の定めるその他の官吏の任免並びに全権委任状及び大使及び公使の信任状を認証すること。
六　大赦、特赦、減刑、刑の執行の免除及び復権を認証すること。
七　栄典を授与すること。

111

八　批准書及び法律の定めるその他の外交文書を認証すること。
九　外国の大使及び公使を接受すること。
十　儀式を行ふこと。

第8条　皇室に財産を譲り渡し、又は皇室が、財産を譲り受け、若しくは賜与することは、国会の議決に基かなければならない。

第2章　戦争の放棄

第9条　①日本国民は、正義と秩序を基調とする国際平和を誠実に希求し、国権の発動たる**戦争**と、**武力による威嚇**又は**武力の行使**は、国際紛争を解決する手段としては、**永久にこれを放棄**する。
②前項の目的を達するため、陸海空軍その他の**戦力**は、これを**保持しない**。国の**交戦権**は、これを**認めない**。

91
92
146
150~176
194~200
215
216
221
223
224
239

第3章　国民の権利及び義務

第10条　日本国民たる要件は、法律でこれを定める。

第11条　国民は、すべての基本的人権の享有を妨げられない。この憲法が国民に保障する基本的人権は、侵すことのできない永久の権利

13~15

として、現在及び将来の国民に**与へられる**。

第12条 この憲法が国民に保障する自由及び権利は、**国民の不断の努力**によつて、これを保持しなければならない。又、国民は、これを濫用してはならないのであつて、常に**公共の福祉**のためにこれを利用する責任を負ふ。

35 39 217 228

第13条 すべて国民は、**個人として尊重**される。**生命、自由及び幸福追求に対する国民の権利**については、**公共の福祉**に反しない限り、立法その他の国政の上で、最大の尊重を必要とする。

16 17 35 39 137 153 192 217 243

第14条 ①すべて国民は、**法の下に平等**であつて、人種、信条、性別、社会的身分又は門地により、政治的、経済的又は社会的関係において、差別されない。

②華族その他の貴族の制度は、これを認めない。

③栄誉、勲章その他の栄典の授与は、いかなる特権も伴はない。栄典の授与は、現にこれを有し、又は将来これを受ける者の一代に限り、その効力を有する。

178 208 209

第15条 ①**公務員を選定**し、及びこれを**罷免**することは、国民固有の権利である。

38 118 178 184 229

②すべて公務員は、**全体の奉仕者**であつて、一部の奉仕者ではない。

231 240

③公務員の選挙については、**成年者による普通選挙**を保障する。

④すべて選挙における**投票の秘密**は、これを侵してはならない。選挙人は、その選択に関し公的にも私的にも責任を問はれない。

第16条 何人も、損害の救済、公務員の罷免、法律、命令又は規則の制定、廃止又は改正その他の事項に関し、平穏に**請願する権利**を有し、何人も、かかる請願をしたためにいかなる差別待遇も受けない。

第17条 何人も、**公務員の不法行為**により、損害を受けたときは、法律の定めるところにより、国又は公共団体に、その**賠償を求める**ことができる。

第18条 何人も、いかなる**奴隷的拘束**も受けない。又、犯罪に因る処罰の場合を除いては、その**意に反する苦役**に服させられない。

第19条 **思想及び良心の自由**は、これを侵してはならない。

179 191 229

第20条 ①**信教の自由**は、何人に対してもこれを保障する。いかなる宗教団体も、国から特権を受け、又は政治上の権力を行使してはならない。

74 179

②何人も、宗教上の行為、祝典、儀式又は行事に参加することを強制されない。

③国及びその機関は、宗教教育その他**いか**

なる宗教的活動もしてはならない。

第21条　①集会、結社及び言論、出版その他一切の**表現の自由**は、これを保障する。
38~41　53~55　127　179　185

②検閲は、これをしてはならない。通信の秘密は、これを侵してはならない。
191　229

第22条　①何人も、公共の福祉に反しない限り、**居住、移転及び職業選択の自由**を有する。
②何人も、外国に移住し、又は国籍を離脱する自由を侵されない。
179　192

第23条　**学問の自由**は、これを保障する。
179

第24条　①**婚姻**は、両性の合意**のみ**に基いて成立し、**夫婦が同等の権利**を有することを基本として、相互の協力により、維持されなければならない。
179

②配偶者の選択、財産権、相続、住居の選定、離婚並びに婚姻及び家族に関するその他の事項に関しては、法律は、個人の尊厳と両性の本質的平等に立脚して、制定されなければならない。

第25条　①すべて国民は、**健康で文化的な最低限度の生活を営む権利**を有する。
90　33

②国は、すべての生活部面について、社会福祉、社会保障及び公衆衛生の向上及び増進に努めなければならない。

第26条　①すべて国民は、法律の定めるところにより、その能力に応じて、ひとしく**教育を受ける権利**を有する。
31~33　76　77　90　95　211

②すべて国民は、法律の定めるところにより、その保護する子女に普通教育を受けさせる義務を負ふ。義務教育は、これを無償とする。
212　229　236　237

第27条　①すべて国民は、**勤労の権利**を有し、義務を負ふ。
90　33

②賃金、就業時間、休息その他の勤労条件に関する基準は、法律でこれを定める。
③児童は、これを酷使してはならない。

第28条　**勤労者**の団結する権利及び団体交渉その他の団体行動をする権利は、これを保障する。
90　33

第29条　①**財産権**は、これを侵してはならない。
35　179

②財産権の内容は、公共の福祉に適合するやうに、法律でこれを定める。
③私有財産は、正当な補償の下に、これを公共のために用ひることができる。

第30条　国民は、法律の定めるところにより、納税の義務を負ふ。
34~35

第31条　何人も、**法律の定める手続**によらなければ、その生命若しくは自由を奪はれ、又はその他の**刑罰を科せられない**。
179　188　189

第32条　何人も、裁判所において**裁判を受ける権利**を奪はれない。
119

第33条　何人も、現行犯として逮捕される場合を除いては、権限を有する司法官憲が発し、且つ理由となつてゐる犯罪を明示する**令状**によらなければ、**逮捕されない**。

第34条　何人も、理由を直ちに告げられ、且つ、直ちに**弁護人**に依頼する権利を与へられなければ、**抑留又は拘禁されない**。又、何人も、正当な理由がなければ、拘禁されず、要求があれば、その理由は、直ちに本人及びその**弁護人**の出席する公開の法廷で示されなければならない。

第35条　①何人も、その**住居、書類及び所持品について、侵入、捜索及び押収を受けることのない権利**は、第三十三条の場合を除いては、正当な理由に基いて発せられ、且つ捜索する場所及び押収する物を明示する**令状**がなければ、侵されない。

②捜索又は押収は、権限を有する司法官憲が発する各別の**令状**により、これを行ふ。

第36条　公務員による**拷問**及び**残虐な刑罰**は、**絶対にこれを禁ずる**。

第37条　①すべて刑事事件においては、被告人は、**公平**な裁判所の**迅速**な**公開裁判**を受ける権利を有する。

②刑事被告人は、すべての**証人**に対して審問する機会を充分に与へられ、又、公費で自己のために強制的手続により証人を求める権利を有する。

③刑事被告人は、いかなる場合にも、資格を有する**弁護人**を依頼することができる。被告人が自らこれを依頼することができないときは、国でこれを附する。

第38条　①何人も、**自己に不利益な供述を強要されない**。

②強制、拷問若しくは脅迫による自白又は不当に長く抑留若しくは拘禁された後の自白は、これを証拠とすることができない。

③何人も、自己に不利益な唯一の証拠が本人の自白である場合には、有罪とされ、又は刑罰を科せられない。

第39条　何人も、実行の時に適法であつた行為又は既に無罪とされた行為については、刑事上の責任を問はれない。又、同一の犯罪について、重ねて刑事上の責任を問はれない。

第40条　何人も、抑留又は拘禁された後、無罪の裁判を受けたときは、法律の定めるところにより、国にその補償を求めることができる。

第4章　国会

第41条　**国会**は、国権の最高機関であつて、国の**唯一の立法機関**である。　89 96 97

第42条　国会は、**衆議院**及び**参議院**の両議院でこれを構成する。

第43条　①両議院は、**全国民を代表**する選挙された議員でこれを組織する。　210
②両議院の議員の定数は、法律でこれを定める。

第44条　両議院の議員及びその選挙人の資格は、法律でこれを定める。但し、人種、信条、性別、社会的身分、門地、教育、財産又は収入によつて差別してはならない。

第45条　**衆議院議員の任期**は、**四年**とする。但し、衆議院解散の場合には、その期間満了前に終了する。　111

第46条　**参議院議員の任期**は、**六年**とし、三年ごとに議員の半数を改選する。

第47条　選挙区、投票の方法その他両議院の議員の**選挙に関する事項**は、**法律で**これを定める。　110 208 209

第48条　何人も、同時に両議院の議員たることはできない。

第49条　両議院の議員は、法律の定めるところにより、国庫から相当額の歳費を受ける。

第50条　両議院の議員は、法律の定める場合を除いては、国会の会期中**逮捕されず**、会期前に逮捕された議員は、その議院の要求があれば、会期中これを釈放しなければならない。

第51条　両議院の議員は、議院で行つた演説、討論又は表決について、**院外で責任を問はれない**。　68

第52条　国会の**常会**は、毎年一回これを召集する。　66

第53条　内閣は、国会の**臨時会**の召集を決定することができる。いづれかの議院の総議員の四分の一以上の要求があれば、内閣は、その召集を決定しなければならない。　61~67 108 115 138 218

第54条　①**衆議院が解散**されたときは、解散の日から四十日以内に、**衆議院議員の総選挙**を行ひ、その選挙の日から三十日以内に、**国会を召集**しなければならない。　63 113 205 206
②衆議院が解散されたときは、参議院は、同時に閉会となる。但し、内閣は、国に緊急の必要があるときは、**参議院の緊急集会**を求めることができる。
③前項但書の緊急集会において採られた措置は、臨時のものであつて、次の国会開会の後十日以内に、衆議院の同意がない場合には、その効力を失ふ。

第55条　両議院は、各々その**議員の資格に関する争訟を裁判**する。但し、議員の議席を失はせるには、出席議員の三分の二以上の多数に　83

よる議決を必要とする。

第56条 ①両議院は、各々その総議員の三分の一以上の出席がなければ、議事を開き議決することができない。
②両議員の議事は、この憲法に特別の定のある場合を除いては、**出席議員の過半数**でこれを決し、可否同数のときは、議長の決するところによる。
59

第57条 ①両議院の会議は、**公開**とする。但し、出席議員の三分の二以上の多数で議決したときは、秘密会を開くことができる。
②両議院は、各々その会議の記録を保存し、秘密会の記録の中で特に秘密を要すると認められるもの以外は、これを公表し、且つ一般に頒布しなければならない。
③出席議員の五分の一以上の要求があれば、各議員の表決は、これを会議録に記載しなければならない。
84

第58条 ①両議院は、各々その議長その他の**役員を選任**する。②両議院は、各々その会議その他の手続及び内部の規律に関する**規則を定め**、又、院内の秩序をみだした議員を**懲罰する**ことができる。但し、議員を除名するには、出席議員の三分の二以上の多数による議決を必要とする。
68
83

第59条 ①**法律案**は、この憲法に特別の定のある場合を除いては、**両議院で可決**したとき法律となる。
②衆議院で可決し、参議院でこれと異なった議決をした法律案は、衆議院で出席議員の三分の二以上の多数で再び可決したときは、法律となる。
③前項の規定は、法律の定めるところにより、衆議院が、両議院の協議会を開くことを求めることを妨げない。
④参議院が、衆議院の可決した法律案を受け取った後、国会休会中の期間を除いて六十日以内に、議決しないときは、衆議院は、参議院がその法律案を否決したものとみなすことができる。
82

第60条 ①**予算**は、さきに衆議院に提出しなければならない。
②予算について、参議院で衆議院と異なった議決をした場合に、法律の定めるところにより、両議院の協議会を開いても意見が一致しないとき、又は参議院が、衆議院の可決した予算を受け取った後、国会休会中の期間を除いて三十日以内に、議決しないときは、衆議院の議決を国会の議決とする。

第61条 **条約**の締結に必要な国会の承認については、

前条第二項の規定を準用する。

第62条　両議院は、各々**国政に関する調査**を行ひ、これに関して、証人の出頭及び証言並びに記録の提出を要求することができる。　104 108

第63条　内閣総理大臣その他の国務大臣は、両議院の一に議席を有すると有しないとにかかはらず、何時でも議案について発言するため議院に出席することができる。又、答弁又は説明のため出席を求められたときは、出席しなければならない。　99~103 108

第64条　①国会は、罷免の訴追を受けた裁判官を裁判するため、両議院の議員で組織する**弾劾裁判所**を設ける。
②弾劾に関する事項は、法律でこれを定める。　128

第5章　内閣

第65条　**行政権**は、**内閣**に属する。　89

第66条　①内閣は、法律の定めるところにより、その首長たる**内閣総理大臣**及びその他の**国務大臣**でこれを組織する。
②内閣総理大臣その他の国務大臣は、**文民**でなければならない。
③内閣は、行政権の行使について、**国会に対し連帯して責任を負ふ**。　91 97 98 113

第67条　①**内閣総理大臣**は、**国会議員の中から国会の議決**で、これを指名する。この指名は、他のすべての案件に先だつて、これを行ふ。
②衆議院と参議院とが異なつた指名の議決をした場合に、法律の定めるところにより、両議院の協議会を開いても意見が一致しないとき、又は衆議院が指名の議決をした後、国会休会中の期間を除いて十日以内に、参議院が、指名の議決をしないときは、衆議院の議決を国会の議決とする。　66 96 98

第68条　①内閣総理大臣は、**国務大臣を任命**する。但し、その**過半数は、国会議員**の中から選ばれなければならない。
②内閣総理大臣は、任意に国務大臣を**罷免**することができる。　96 98 112

第69条　内閣は、衆議院で**不信任の決議案**を可決し、又は信任の決議案を否決したときは、十日以内に**衆議院が解散**されない限り、総辞職をしなければならない。　98 112 113 114

第70条　内閣総理大臣が欠けたとき、又は衆議院議員総選挙の後に初めて国会の召集があつたときは、内閣は、総辞職をしなければならない。　249

第71条　前二条の場合には、内閣は、あらたに内閣総理大臣が任命されるまで引き続きその職務を行ふ。

第72条 **内閣総理大臣**は、内閣を代表して議案を国会に提出し、一般国務及び外交関係について国会に報告し、並びに行政各部を指揮監督する。

99
117
118

第73条 **内閣**は、他の一般行政事務の外、左の事務を行ふ。

一 **法律を誠実に執行**し、国務を総理すること。

二 **外交関係を処理**すること。

三 **条約を締結**すること。但し、事前に、時宜によつては事後に、国会の承認を経ることを必要とする。

四 法律の定める基準に従ひ、**官吏に関する事務**を掌理すること。

五 **予算を作成**して国会に提出すること。

六 この憲法及び法律の規定を実施するために、**政令を制定**すること。但し、政令には、特にその法律の委任がある場合を除いては、罰則を設けることができない。

七 大赦、特赦、減刑、刑の執行の免除及び復権を決定すること。

71
90~91
117
118
132

第74条 法律及び政令には、すべて主任の国務大臣が署名し、内閣総理大臣が連署することを必要とする。

117

第75条 国務大臣は、その在任中、内閣総理大臣の同意がなければ、訴追されない。但し、これがため、訴追の権利は、害されない。

第6章 司法

第76条 ①すべて**司法権**は、**最高裁判所**及び法律の定めるところにより設置する**下級裁判所**に属する。

②**特別裁判所**は、これを設置することができない。行政機関は、終審として裁判を行ふことができない。

③すべて**裁判官**は、その良心に従ひ**独立**してその職権を行ひ、この憲法及び法律にのみ拘束される。

125

第77条 ①最高裁判所は、訴訟に関する手続、**弁護士**、裁判所の内部規律及び司法事務処理に関する事項について、**規則を定める権限**を有する。

②検察官は、最高裁判所の定める規則に従はなければならない。

③最高裁判所は、下級裁判所に関する規則を定める権限を、下級裁判所に委任することができる。

第78条 裁判官は、裁判により、心身の故障のために職務を執ることができないと決定された

125
127

場合を除いては、公の弾劾によらなければ**罷免されない。**裁判官の**懲戒処分**は、**行政機関がこれを行ふことはできない。**

第79条　①最高裁判所は、その長たる裁判官及び法律の定める員数のその他の裁判官でこれを構成し、その長たる裁判官以外の裁判官は、**内閣でこれを任命する。**
②最高裁判所の裁判官の任命は、その任命後初めて行はれる衆議院議員総選挙の際**国民の審査**に付し、その後十年を経過した後初めて行はれる衆議院議員総選挙の際更に審査に付し、その後も同様とする。
③前項の場合において、投票者の多数が裁判官の罷免を可とするときは、その裁判官は、罷免される。
④審査に関する事項は、法律でこれを定める。
⑤最高裁判所の裁判官は、法律の定める年齢に達した時に退官する。
⑥最高裁判所の裁判官は、すべて定期に相当額の報酬を受ける。この**報酬**は、在任中、これを**減額することができない。**

120
124

第80条　①下級裁判所の裁判官は、最高裁判所の指名した者の名簿によつて、**内閣でこれを任命する。**その裁判官は、任期を十年とし、再任されることができる。但し、法律の定める年齢に達した時には退官する。
②下級裁判所の裁判官は、すべて定期に相当額の報酬を受ける。この**報酬**は、在任中、これを**減額することができない。**

120

第81条　**最高裁判所**は、一切の法律、命令、規則又は処分が**憲法に適合するかしないかを決定する権限**を有する終審裁判所である。

119
134

第82条　①裁判の対審及び判決は、**公開法廷**でこれを行ふ。
②裁判所が、裁判官の全員一致で、公の秩序又は善良の風俗を害する虞があると決した場合には、対審は、公開しないでこれを行ふことができる。但し、政治犯罪、出版に関する犯罪又はこの憲法第三章で保障する国民の権利が問題となつてゐる事件の対審は、常にこれを公開しなければならない。

第7章　財政

第83条　国の財政を処理する権限は、**国会の議決**に基いて、これを行使しなければならない。

69

第84条　あらたに**租税**を課し、又は現行の租税を変更するには、**法律**又は法律の定める条件によることを必要とする。

35
69

第85条　国費を支出し、又は国が債務を負担するには、国会の議決に基くことを必要とする。　70

第86条　内閣は、毎会計年度の**予算**を作成し、国会に提出して、その審議を受け議決を経なければならない。　70

第87条　①予見し難い予算の不足に充てるため、国会の議決に基いて**予備費**を設け、内閣の責任でこれを支出することができる。
②すべて予備費の支出については、内閣は、事後に国会の承諾を経なければならない。　71 73

第88条　すべて皇室財産は、国に属する。すべて皇室の費用は、予算に計上して国会の議決を経なければならない。

第89条　**公金その他の公の財産**は、宗教上の組織若しくは団体の使用、便益若しくは維持のため、又は**公の支配に属しない**慈善、教育若しくは博愛の事業に対し、これを**支出し、又はその利用に供してはならない。**　74~77

第90条　①国の収入支出の**決算**は、すべて毎年**会計検査院**がこれを検査し、内閣は、次の年度に、その検査報告とともに、これを国会に提出しなければならない。
②会計検査院の組織及び権限は、法律でこれを定める。　78 79

第91条　内閣は、国会及び国民に対し、定期に、少くとも毎年一回、国の財政状況について報告しなければならない。

第8章　地方自治

第92条　地方公共団体の組織及び運営に関する事項は、**地方自治の本旨**に基いて、法律でこれを定める。　145 146

第93条　①地方公共団体には、法律の定めるところにより、その議事機関として**議会**を設置する。
②地方公共団体の長、その議会の議員及び法律の定めるその他の吏員は、その地方公共団体の住民が、直接これを**選挙**する。

第94条　地方公共団体は、その財産を管理し、事務を処理し、及び行政を執行する権能を有し、法律の範囲内で**条例**を制定することができる。

第95条　一の地方公共団体のみに適用される**特別法**は、法律の定めるところにより、その地方公共団体の**住民の投票**においてその過半数の同意を得なければ、国会は、これを制定することができない。　146 147

第9章　改正

第96条　①この憲法の改正は、各議院の**総議員の三**　27~28 82 101 137 143

分の二以上の賛成で、国会が、これを発議し、国民に提案してその承認を経なければならない。この承認には、特別の**国民投票**又は国会の定める選挙の際行はれる投票において、その過半数の賛成を必要とする。
②憲法改正について前項の承認を経たときは、天皇は、国民の名で、この憲法と一体を成すものとして、直ちにこれを公布する。

151　221　223　225　226

第10章　最高法規

第97条　この憲法が日本国民に保障する基本的人権は、**人類の多年にわたる自由獲得の努力の成果**であつて、これらの権利は、**過去幾多の試練**に堪へ、現在及び将来の国民に対し、侵すことのできない永久の権利として**信託されたも**のである。

13

第98条　①この憲法は、国の**最高法規**であつて、その条規に反する法律、命令、詔勅及び国務に関するその他の行為の全部又は一部は、**その効力を有しない。**
②日本国が締結した条約及び確立された国際法規は、これを誠実に遵守することを必要とする。

26

第99条　天皇又は摂政及び国務大臣、国会議員、裁判官その他の**公務員は**、この**憲法を尊重し擁護する義務**を負ふ。

7　31　222　223　237　246

第11章　補則（省略）

楾　大樹（はんどう・たいき）

弁護士。ひろしま市民法律事務所所長。1975年広島県海田町生まれ。修道高校、中央大学法学部法律学科卒業。2004年弁護士登録（広島弁護士会）。2013～2018年中小企業診断士登録。中小企業の顧問のほか、交通事故、離婚、相続、債務整理など多数の案件を手がける。2014年より広島弁護士会平和・憲法問題対策委員会、2016年より日弁連憲法問題対策本部委員。広島弁護士会将棋部部長。著作に『檻の中のライオン 憲法がわかる46のおはなし』『けんぽう絵本 おりとライオン』『けんぽう紙芝居 檻の中のライオン』（いずれも、かもがわ出版）。ライオンのぬいぐるみを使った「檻の中のライオン憲法講座」は全都道府県で1000回に達する（2023年7月現在）。「楾」は国字（和製漢字）で、「はんぞう」で変換可能。

● イラスト／今井ヨージ
● 組版・装丁／本堂やよい

「檻の中のライオンプロジェクト」フェイスブックページより、講演会情報など発信しています。▶

Youtube ▶

檻を壊すライオン　時事問題で学ぶ憲法

2020年11月1日　初版発行
2024年4月1日　第5刷発行

著　者—© 楾　大樹
発行者—竹村 正治
発行所—株式会社かもがわ出版
〒602-8119　京都市上京区出水通堀川西入亀屋町321
営業　TEL：075-432-2868　FAX：075-432-2869
振替　01010-5-12436
編集　TEL：075-432-2934　FAX：075-417-2114

印刷—シナノ書籍印刷株式会社

ISBN　978-4-7803-1118-1　C0031